D1747483

Christoph Duckart

Versteckte Aussichten

Militärische Landschaft in der Schweiz

Diplomica® Verlag GmbH

**Duckart, Christoph: Versteckte Aussichten: Militärische Landschaft in der Schweiz,
Hamburg, Diplomica Verlag GmbH 2011**

ISBN: 978-3-8428-5778-0
Druck: Diplomica® Verlag GmbH, Hamburg, 2011
Coverbild: © Christoph Duckart

Bibliografische Information der Deutschen Nationalbibliothek:
Die Deutsche Nationalbibliothek verzeichnet diese Publikation in der Deutschen
Nationalbibliografie;
detaillierte bibliografische Daten sind im Internet über http://dnb.d-nb.de abrufbar.

Die digitale Ausgabe (eBook-Ausgabe) dieses Titels trägt die ISBN 978-3-8428-0778-5
und kann über den Handel oder den Verlag bezogen werden.

Dieses Werk ist urheberrechtlich geschützt. Die dadurch begründeten Rechte,
insbesondere die der Übersetzung, des Nachdrucks, des Vortrags, der Entnahme von
Abbildungen und Tabellen, der Funksendung, der Mikroverfilmung oder der
Vervielfältigung auf anderen Wegen und der Speicherung in Datenverarbeitungsanlagen,
bleiben, auch bei nur auszugsweiser Verwertung, vorbehalten. Eine Vervielfältigung
dieses Werkes oder von Teilen dieses Werkes ist auch im Einzelfall nur in den Grenzen
der gesetzlichen Bestimmungen des Urheberrechtsgesetzes der Bundesrepublik
Deutschland in der jeweils geltenden Fassung zulässig. Sie ist grundsätzlich
vergütungspflichtig. Zuwiderhandlungen unterliegen den Strafbestimmungen des
Urheberrechtes.

Die Wiedergabe von Gebrauchsnamen, Handelsnamen, Warenbezeichnungen usw. in
diesem Werk berechtigt auch ohne besondere Kennzeichnung nicht zu der Annahme,
dass solche Namen im Sinne der Warenzeichen- und Markenschutz-Gesetzgebung als frei
zu betrachten wären und daher von jedermann benutzt werden dürften.

Die Informationen in diesem Werk wurden mit Sorgfalt erarbeitet. Dennoch können
Fehler nicht vollständig ausgeschlossen werden, und der Diplomica Verlag, die Autoren
oder Übersetzer übernehmen keine juristische Verantwortung oder irgendeine Haftung
für evtl. verbliebene fehlerhafte Angaben und deren Folgen.

© Diplomica Verlag GmbH
http://www.diplomica-verlag.de, Hamburg 2011
Printed in Germany

Inhalt

1.	Versteckte Aussichten	1
1.1	Hintergrund	2
1.2	Fragestellung	6
1.3	Ziel	7
1.4	Aufbau	8
1.5	Methodik	9
1.6	Zusammenfassung	10
1.7	Abstract	11

2.	Warscapes	13
2.1	Zur Bedeutung von Warscapes	15
2.2	Entstehung des Mythos	17
2.3	Ästhetische Landschaft und Militär	21
2.4	Lesen von Landschaft	27
2.5	Spuren der Erinnerung	31

3.	Forts & Festungen	39
3.1	Europäische Entwicklungen	41
3.2	Verteidigungsarchitektur	43
3.3	Die Festung versinkt	49
3.4	Zersiedelung der Festungswerke	54
3.5	Festung Europa	61

4.	Réduit nationale	63
4.1	Eine Festung der besonderen Art	65
4.2	Identität der Alpenfestung	66
4.3	Problematik der Nachnutzung	69
4.4	Bunkerland	71
4.5	Kritische Betrachtung	80

5.	Ausblicke - Einblicke	83
5.1	Art der Sichtweise	85
5.2	Zwischen Festung und Klischee	87
5.3	Semantik der Kriegslandschaft	92
5.4	Guckkasten zur Realität	102
5.5	Multiperspektivität der Landschaft	107

6.	Schlussbetrachtung	115
6.1	Erkenntnisse	116
6.2	Potentiale	117
6.3	Conclusion	118
6.4	Potentials	119

7.	Anhang	121
7.1	Glossar	122
7.2	Abbildungsverzeichnis	124
7.3	Literaturverzeichnis	128

1. Versteckte Aussichten

1.1 Hintergrund

Die Auseinandersetzung mit unserer Vergangenheit ist für die Gesellschaft im 20. Jhd von hoher kultureller Bedeutung. Diese Bedeutung spiegelt sich in der öffentlichen Diskussion zu vergangenen Thematiken wider und auch im öffentlichen Raum ist die Auseinandersetzung in Form von Denkmälern und Museen anzutreffen. Die künstlerische Auseinandersetzung mit der Vergangenheit und die politische Diskussion ist das treibende Glied in diesem Zusammenhang.

Auseinandersetzung mit der Vergangenheit

Das Wissen um militärische Anlagen in der Schweiz, überwiegend Bunker, ist seit langem bekannt, nur wurden diese für knapp 100 Jahre möglichst versteckt und unsichtbar gehalten. Bunkeranlagen haben die Funktion unbemerkt zu bleiben und erheben trotz allem den Anspruch auf totale Überwachung des Landes. Um diesen Konflikt zu lösen haben sich die Festungsbauer in der Schweiz vieles einfallen lassen und kaum Aufwand gescheut. Im Vergleich mit älteren Festungsbauwerken zeigt sich die Erkenntnis, dass diese größtenteils nur zur Abschreckung des Feindes und zur Repräsentation der Macht errichtet wurden. Somit richten sich diese mehr nach ästhetischen Aspekten der Epoche und einer möglichst einschüchternden Demonstration der Möglichkeiten.

Unsichtbare Überwachung

Die Architektur unterirdischer Verteidigungsbauwerke möchte jedoch nur eins - Unsichtbare Überwachung.

1 Blick auf Näfels und Walensee. Im Vordergrund liegt der Tankgraben der Sperrstelle Näfels, selbst bei direkter Wanderung an der Felswand „Platte" ist die in diesen eingetriebene Festung „unsichtbar".

Versteckte Aussichten . Hintergrund

2 Integration von Dispositionen in den Alltag (Sperrstelle Näfels). Für Einheimische sind diese Bauwerke Teil der Landschaft.

Geistige Landesbefestigung

In diesem Zusammenhang wird die Auseinandersetzung und Aufarbeitung in militärischem Kontext durchgeführt. Die geistige Landesbefestigung[9] ist für die politische Einheit der Schweiz von hoher Bedeutung. Dieser Umstand konnte durch diverse Interviews belegt werden[10].

Disposition des Armeebestands

Da sich die Eidgenossenschaft aus stark unterschiedlichen Bevölkerungsgruppen zusammensetzt, finden wir hier einen wichtigen Bezug zur gesellschaftlichen Einheit. Der militärische Nachlass wurde in den letzten Jahren seitens der Kunst und Politik intensiv behandelt und öffentlich diskutiert. Beispielsweise können hier die Broschüren MILITÄRISCHE DENKMÄLER DER SCHWEIZ, viele Zeitungsbeiträge und das Kunstprojekt UNLOADED[11] genannt werden. Dabei stellt sich die Schweiz als Besonderheit dar, da sie als neutrales Land zwar militärisch ausgestattet war, aber seit 200 Jahren nicht mehr in Kriegsgeschehnisse eingebunden wurde. Gegenwärtig hat sich ein Dispositiv entwickelt, das zur Zeit ca. 10.000 von 20.000 – 35.000[12] Objekten beinhaltet. Dieses Dispositiv wird in den kommenden Jahren weiter anwachsen, wenn die logistische Infrastruktur freigegeben wird.

---

9   Lovisa, M. (05 1999). Von Bunkern, Forts und Tobleronen. archithese , S. 35
10 Siehe Interviews im Quellenverzeichnis
11 Catherine; Bunker: Unloaded, Luzern/Poschiavo 2003, S. 76;
12 Anzahl von ca. 20'000 Objekten laut Peter Stamm, Abschied vom Réduit: Der lange Marsch, in: Carmine Giovanni, Hug; Maurus Gamper spricht von ca. 35'000 Objekten

Nach Ende des kalten Krieges hat sich vieles verändert, auch in der Schweiz. Bis ins Jahr 1995 wurde hier kontinuierlich an der Verteidigungslinie und der atomwaffensicheren Schweiz modernisiert und erweitert. Nach Aufgabe von rund zwei Dritteln der Anlagen durch die *Armeereform 95*, steht nun die Frage nach Umgang mit diesen in der Zukunft aus. Entweder werden diese durchaus komplexen Objekte rückgebaut, man sieht sich nach einer Nachnutzung um oder versucht sie durch öffentliche Mittel als kulturelles Erbe zu bewahren.

Zukünftige Entwicklungen

Da viele der Kampf- und Führungsbauten, im folgenden als Bunker bezeichnet, als Laienmuseen ausgestattet wurden, kann von keiner nachhaltigen Nutzung ausgegangen werden. Nach Schmid[13] ist dies ist zwar eine vorübergehend interessante Lösung, aber keine die von Dauer sein kann. Das momentan rege Interesse an dieser Nutzung begründet sich noch auf einer engen zeitlichen Verbindung zur Bevölkerung, aber auch an der aktiven Teilnahme der Generationen am Militärdienst in der Schweiz. Wenn diese Generationen nun nicht mehr zum Erhalt dieser Anlagen eintreten, muss über eine neue Nutzung nachgedacht werden. Hierfür finden sich zwar schon einige Beispiele, nur sind diese momentan noch nicht in ausreichendem Maße zur kulturhistorischen Erhaltung des Gesamtbestands vorhanden. Die aktuellen Konzepte sind zum Großteil[14] kulturell, sowie wirtschaftlich nicht nachhaltig und scheitern demnach an einer sinnvollen Umsetzung.

Die Erhaltung ist aber als wichtiger Teil der schweizerischen Geschichte von Bedeutung. Diese Studie versucht dies durch die gewidmete Aufmerksamkeit zu fördern. Wenn auch keine Lösungsansätze geboten werden, so wird zumindest eine Grundlage für weitere Konzepte gelegt. Nach Aussage von ARMASUISSE[15] finden sich wenige Abnehmer dieser Anlagen, da die weitere Nutzung mit einigen Problemen behaftet ist. Dies gilt u.a. für Nachnutzungsgenehmigungen und die infrastrukturelle Anbindung. Die hier anzulegenden Parameter sind gänzlich andere als bei zivilen Maß-

Auftretende Probleme

---

13 Schmid, L. (18. 03 2010). Bunkerwelten. (C. Duckart, Interviewer)
14 Beispiele für Ausnahmen sind im Kapitel RÉDUIT NATIONALE zu finden
15 Armasuisse verwaltet die aufgelassenen Bunkeranlagen in der Schweiz und ist auch für deren Nachnutzung und den Verkauf verantwortlich, Interview wurde mit Dieter Juchli (Fachbereichsleiter Dispositionsbestand) am 23.04.2010 geführt

nahmen, daher sind einheitliche Lösungen zur Planung und Einbindung in die öffentliche Infrastruktur kaum zu finden. Die Struktur hat sich über Jahrzehnte unabhängig entwickelt und immer gelöst von Bestehendem funktioniert. Eine weitere Besonderheit die sich bei diesen Bauten herausstellt ist, dass sie entgegen jeglicher Form von Bebauungsplänen und Landnutzung errichtet worden sind. Dies bedeutet, dass es keine erkenntlichen Einschränkungen in Bezug auf Lage oder Größe dieser Objekte gibt, wenngleich sie sich sowieso größtenteils unterirdisch befinden[16]. Aus architektonischer Sicht finden wir aufgrund eines fehlenden Baukonzepts auch viele individuelle Bautypen vor. Aus den nun betrachteten Problemstellungen ergeben sich weitere Fragen zur Nachnutzung, zum Umgang und zur Bedeutung der militärischen Landschaft, die im Laufe der Studie zu klären sind.

3   Geländepanzerhindernis Flühli   16   Schmid, L. (18. 03 2010). Bunkerwelten. (C. Duckart, Interviewer)

1.2 Fragestellung

Haben wir es in der Schweiz mit einer einzigartigen militärischen Landschaft zu tun? Was bedeutet militärische Landschaft und welche Blickbeziehungen und räumlichen Zusammenhänge sind zur Beantwortung dieser Frage von Relevanz?

Ist die militärische Landschaft der Schweiz auf den ersten Blick nur durch ihre Masse an Objekten und deren Grösse interessant? Oder finden sich auch Besonderheiten in ihrer landschaftlichen Ausdehnung und der topographisch besonderen Einbindung? Ergeben sich daraus Parallelen zur Landschaftsbewertung und Landschaftsästhetik? Sowie die Anlagen von Vauban[17] für Architekten von qualitativer, historischer Bedeutung sind, so können die Anlagen der Schweiz für Landschaftsarchitekten an Bedeutung gewinnen.

Ausblicke, Einblicke und topographische Situationen sind bedeutender Teil der Anlage und des Konzepts. Bisher hat sich ausschließlich der objektbezogene Denkmalschutz mit den Bunkern auseinandergesetzt und diese unter Schutz gestellt. Eine Betrachtung der landschaftlich-kulturellen Zusammenhänge in der Schweiz ist in dieser Thematik jedoch kein Bestandteil und noch unbekannt.

---

17 Siehe Kapitel Forts & Festungen

1.3 Ziel

Das Ziel der Studie ist die Analyse der militärischen Landschaft in der Schweiz und deren visuelle Interpretation. Dabei sollen Rückschlüsse auf die Besonderheiten dieses Landschaftstypus gezogen werden, um dadurch schlussendlich eine Charakterisierung der militärischen Landschaft zu ermöglichen. Ausblicke und Einblicke der Bunker sind Grundlage der Beschreibung. Eine teils abstrakte Ausführung soll helfen, die Qualität des Dispositivs besser beurteilen zu können. Als Grundlage dieser totalen Betrachtung – des Umfelds, der Umwelt und des Umgangs – ist die emotionale, historische und ästhetische Aufarbeitung notwendig.

Charakterisierung der Landschaft

Die Betrachtung der Eigenarten von Festungswerken und weiteren militärischen Anlagen[18], in Europa und der Schweiz, ist somit ein wichtiger Bestandteil der Studie. Er ist auch Teil des Ziels, da er in erster Linie zwar als Recherche ausgelegt ist, eine Interpretation und Analyse der Inhalte aber stetig erfolgt. Als direkter Erkenntnisgewinn und als kritische Beleuchtung der Fakten liefert er Informationen zu weiterer Forschung. Die vorliegende Studie möchte feststellen, ob die aufgelassenen Dispositionen Potential zur Weiterentwicklung und zu Erkenntnissen in der Landschaftswahrnehmung führen können. Dazu wird der Vergleich mit historischen Wehr- und Festungsanlagen gezogen, die ähnliche Strukturen oder Planungsszenarios bieten. Aufmerksamkeit wird dabei in erster Linie auffallenden Merkmalen und individuellen Typen des Festungsbaus geschenkt. In diesem Zusammenhang sollen touristische Erschließungen an gezeigten Beispielen geprüft und überdacht werden.

Interpretation von Szenarios

Zum Zweck einer freien Analyse werden diese, nach rein funktionalen Gesichtspunkten ausgerichteten Anlagen, aus ihrem Kontext gelöst, um einen größeren Interpretationsraum zu ermöglichen. Vergleiche und Analogien bereits erforschter Wahrnehmungsprinzipien weiterer Wissenschaften belegen die Ergebnisse.

---

18 Eine detaillierte Auflistung von militärischen Anlagen findet sich in den Kapiteln „Forts und Festungen" und „Reduit nationale"

1.4 Aufbau

Um diesem Ziel näher zu kommen werden im Vorfeld die nötigen Grundlagen aufgearbeitet. Das heißt mit der Einbindung unsichtbarer Elemente in der Landschaft und dem Umgang mit Orten historischer und kultureller Bedeutung. Dieses theoretische Vorwissen dient dazu, die darauf folgenden Kapitel zu verstehen und in Zusammenhang mit der Bunkerlandschaft Schweiz bringen zu können. Daher soll die Studie nach Möglichkeit in der vorliegenden Reihenfolge gelesen werden.

Warscapes

Der zweite Abschnitt FORTS & FESTUNGEN dient der Zielfindung, indem weitere europäische Anlagen analysiert werden. Hier werden erste Szenarios betrachtet und ergründet. Bisherige Konzepte zum Umgang mit militärischen Anlagen sollen kritisch hinterfragt und auf den Zusammenhang oder Parallelen zur Militärlandschaft Schweiz geprüft werden.

Forts & Festungen

Das Kapitel REDUIT NATIONALE setzt die begonnene Analyse am Beispiel der militärischen Landschaft in der Schweiz fort. Hierzu gehören bisherige Nachnutzungskonzepte, durchgeführte Maßnahmen und der Ausblick in zukünftige Möglichkeiten. Die Betrachtung des Bestands kann im Rahmen einer Diskussion wichtige Beiträge zur Beurteilung der kommenden Planungssituation liefern. Die Erläuterungen dienen später als Referenz. Nach Auswertung der Bestandsanalysen und Zusammenstellung möglicher Objekte im festgelegten Planungsgebiet, Bunkerlandschaft Schweiz, wird geprüft ob eine Planung aus landschaftlicher Sicht sinnvoll und erfolgreich sein kann.

Reduit nationale

Ein weiträumiger Einblick in die Festung Europa und das Reduit nationale ist Grundlage, um die gewonnenen Erkenntnisse und Eindrücke genauer zu betrachten. In AUSBLICKE - EINBLICKE soll der Ausblick aus der Bunkerlandschaft, aber auch ein Einblick in die Bunkerlandschaft, stattfinden.

Ausblicke - Einblicke

1.5 Methodik

Recherche

Um das geplante Studienziel zu erreichen bedarf es eines Blicks über den Tellerrand der Landschaftsarchitektur. Neues Wissen, welches noch nicht im Studium gelehrt wurde, muss angeeignet und ausreichend vertieft werden. Um diesem Ziel näher zu kommen ist ein Studium fachfremder Literatur im Vorfeld nötig. Aktuelle Literatur muss gefunden und ausgewählt werden, um sich Fachwissen weiterer Wissenschaften wie der Kulturanthropologie, Historie, Philosophie (um nur einige zu nennen) anzueignen. Nach dem Studium nötiger Grundlagen zur weiteren Arbeit, werden diese Gebiete durch weitere Recherche konkretisiert und auf zum Thema anwendbares Material überprüft. Es wird versucht Ratschläge von Experten und Informationen zur weiteren Nachforschung zu gewinnen.

Exkursionen

Nach Definition des konkreten Planungsziels kann durch Exkursionen, Ortsbesichtigungen, Kartenmaterial und Interviews mit Orts- und Fachkundigen mit der Analyse fortgefahren werden. Diese Formen der Informationsbeschaffung werden intensiv bis zum Ende der Studie durchgeführt.

Charakterisierung und Interpretation

Die Erarbeitung des Kapitels über Charaktere und Szenarios der Landschaft erfolgt durch Skizzen, Fotografien und Literatur. Diese sind zu vergleichen und in einen kontextbezogenen Rahmen zu stellen. Vorherige Erkenntnisse werden überprüft und dem gestellten Ziel der Charakterisierung und Interpretation nahegebracht.

Bildmaterial

Zur Recherche des Bildmaterials ist zu sagen, dass ein Katalog mit interessantem Bildmaterial aufgestellt und dieser ständig ergänzt wird. Bilder werden entsprechend des Textinhalts platziert und wenn nötig mit einem Begleittext versehen.

1.6 Zusammenfassung

In dieser Studie wird die vorhandene militärische Landschaft in der Schweiz betrachtet und analysiert. Um eine Charakterisierung der militärischen Landschaft zu ermöglichen werden verschiedene Aspekte und Blickwinkel in Beziehung zueinander gestellt.

In der EINLEITUNG wird eine Einführung in die Thematik und den Aufbau der Studie gegeben. Es wird Interesse an der Studie geweckt und zu weiterem Lesen motiviert. Darauf folgend bringt WARSCAPES dem Leser die Betrachtungsweise militärischer Landschaft nahe. Es wird die Entstehung eines Mythos in Bezug auf die reale Vergangenheit erläutert. Anhand dessen wird die Kodierung der militärischen Landschaft veranschaulicht, um eine eigene, sinnvolle Wahrnehmung zu gewährleisten. Im letzten Teil dieses Kapitels sehen wir uns die Spuren der Erinnerung, die Vergänglichkeit oder Nicht-Vergänglichkeit, an. Wir stellen fest, wie die Zeit zwar Einfluss auf militärische Landschaft nimmt, das latente Landschaftsbild aber erhalten bleibt.

FORTS & FESTUNGEN legt einen Blick in die Festungslandschaft Europas dar. Bekannte Anlagen nach dem Festungsmeister Vauban und die Franzensfeste in Südtirol werden beschrieben, ebenso die Bunkerlandschaft des zweiten Weltkriegs. Die Anlagen werden kurz vorgestellt, das Hauptaugenmerk liegt aber auf ihrem Bezug zur Landschaft und deren Einbindung. Wir betrachten uns anschließend das REDUIT NATIONALÉ, die schweizerische Landesverteidigung. Durch die Milizarmee ist die Identität zur Landesbefestigung stark geprägt. Dies zeigt sich bei Überlegungen zur Nachnutzung und der zivilen Meinung zu den Anlagen. Es wird erkannt, dass wir es auf landschaftlicher Ebene mit einem einzigartigen Festungsverbund zu tun haben, der eine weitere Anschauung und Betrachtung erfordert.

Das Ziel der Studie ist die Analyse der militärischen Landschaft in der Schweiz, deren Charakterisierung und Interpretation. Diese Betrachtung wird in AUSBLICKE - EINBLICKE aufgeführt. Es ergeben sich spannende Aspekte aus Topografie, räumlichen Konstellationen und als Almhütten getarnte Bunker in den Bergen - Eigenarten wie sie in ihrer Gesamtheit nur in der Schweiz zu finden sind.

1.7 Abstract

The aim of this paper is the observation, reflection and analysis of existing Military Landscapes. As the reflection and analysis are put in context, a characterization of the Military Landscape is made possible.

The INTRODUCTION provides a short presentation of the topic and explains the composition of the present paper. Further, WARSCAPES immerse in the significance and consequence of the Military Landscape. The phenomenon and emergence of a myth as opposed to the real past is investigated. With this accounted for, the codification of the Military Landscape is explained in order to ensure an independent and meaningful perception of it. In the last part of the chapter, the power of memory and the transience, or the non-transience are studied further. We note how the passing of time certainly influences the Military Landscape, but how the character of the hidden Military Landscape remains.

In FORTS & FESTUNGEN, the Fortress Landscape of Europe is discussed. Well-known constructions of the fortress-master Vauban, the Franzensfeste in Südtirol as well as the bunkers of World War II are described. The diverse military facilities are briefly introduced. The emphasis lies on the facilities relation to the landscape. We also discuss the REDUIT NATIONALÉ, the Swiss national defense, and how the common national identity was made strong through the Reduit and the militia army. Considering the current re-use and the distinct, civilian opinion on the facilities of the Reduit, this strong sense of a national identity is demonstrated. It is further recognized, that we are dealing with a unique kind of landscape, affected by the relation between the military facilities and their surroundings. This conclusion requires further observation and reflection, which is presented in the last chapter.

The aim of this paper is to interpret and analyse the Military Landscape in order to attain a characterization of it. This approach is shown in the last chapter, AUSBLICKE - EINBLICKE, which provides interpretations and aspects of topography, spatial constellations and camouflaged huts in the Alps. These are characteristics of the Military Landscape that are only likely to be found in Switzerland.

2. Warscapes

2.1 Zur Bedeutung von Warscapes

Im Kapitel WARSCAPES wird der Zusammenhang zwischen Architektur, Militär und Landschaft analysiert. Wie die Einflüsse sich aufeinander auswirken und in ihrer individuellen Wirkung unterstützen. Alle drei Bereiche sind für viele Generationen integraler Bestandteil des Alltags gewesen. Dadurch haben und hatten Fortschritte im Rüstungswesen schon immer identitätsstiftende Wirkung auf die Gesellschaft. Warscapes bezeichnet das Zusammenfinden von subjektiven und objektiven Eigenarten einer Landschaft. Wenn sich der deutsche Begriff *Kriegslandschaft* mehr auf das Schlachtfeld bezieht und die Umschreibung *militärische Landschaft* die das Gedankenkonstrukt dieser Thematik darstellt. Der Begriff *Warscapes* implementiert beide Seiten in ausgewogenem Maß. Er steht somit für die subjektiven Eigenarten des Kriegs von der Entstehung bis zum Schlachtfeld.

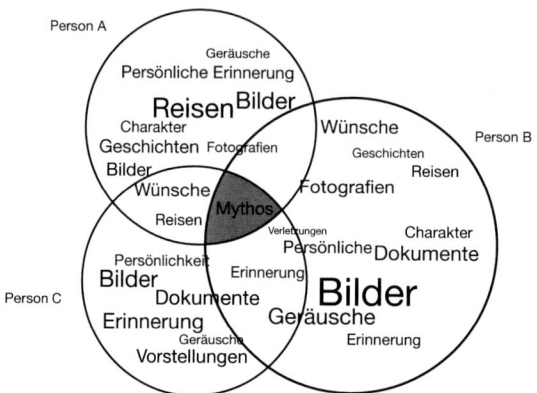

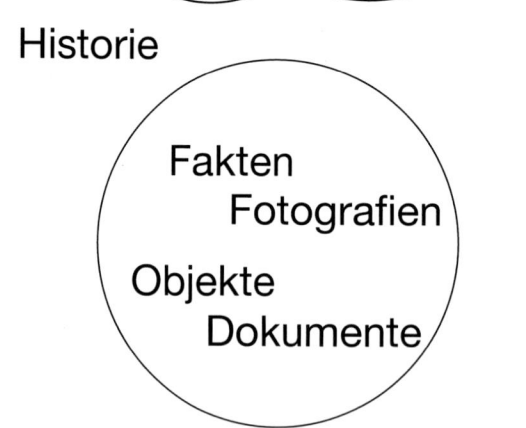

4 „Die Schnittmenge aus Mythos und Historie", Eigene Grafik (2010)

2.2 Entstehung des Mythos

Im Rückgriff auf den Mythos Schweiz stellt sich die Frage, was genau ein Mythos ist? Wie entsteht ein solcher und wie kann er ein Landschaftsbild beeinflussen?

Ein Bild der Erinnerung

Die Auseinandersetzung mit dem Reduit ist eine Auseinandersetzung mit der Vergangenheit und den Alpen. An was erinnern die alten Bunker und Panzersperren in den Bergen? Die meisten Betrachter dieser Situation bringen keine eigene Erinnerung an diese Orte mit. Sie beziehen sich auf subjektive Erinnerungen anderer, somit variieren diese Geschichten von Erzähler zu Erzähler und hängen von individuellen Erlebnissen in dieser Zeit und weiteren Lebenserfahrungen ab[9]. Wenn sich an diese Geschichte weitere Geschichten reihen und sich die Erfahrungen und Informationen ergänzen, dann reduzieren sich auf anderer Seite auch die Gemeinsamkeiten.

Der Mythos ist die Schnittmenge der Erinnerungen.

So ergibt sich eine allgemeine Darstellung von Erlebtem und Wünschen. Es ist das kollektive Gedächtnis, das Gedächtnis einer sozial zusammenhängenden Gruppe. Das kollektive Gedächtnis reduziert Geschichten und Erfahrungen zu Archetypen von Geschichten, zu Mythen.

Rolle der Historiker

Auf der anderen Seite können wir von der Wahrheit sprechen, von einem nie umfassenden Werk, von der Sammlung nach Beweisen. Hier finden wir Historiker die versuchen, diese Mythen zu belegen und zu widerlegen. Sie suchen nach wahren und unverfälschten Momenten der Vergangenheit. Es ist das kulturelle[10] Gedächtnis der Gesellschaft. Die Aufgabe der Historiker, Kuratoren und Bibliothekare ist die Kultur in seiner Ursprungsform zu bewahren[11]. Die Unterschiede liegen also in der emotionalen Ladung zur institutionellen Festigung.

---

9 Halbwachs, M. (1967). Das kollektive Gedächtnis. Stuttgart: Enke. S. 40 ff
10 Assmann, A. (2003). Erinnerungsräume. München: Beck. S. 121 f
11 König, H. P. (2010). Die Tränen der Erinnerung. NZZ - Neue Zürcher Zeitung, S. 57.

„Generell gilt, dass politische Ordnungen, Gesellschaften und Staaten nicht auf Identität und auf die Ausübung eines kollektiven Gedächtnisses verzichten können. [...] Das kollektive Gedächtnis kann und muss sich der kritischen Kontrolle der Historie unterwerfen. [...] Die Interventionen der Historiker bewirken, dass blinde Treue des Gedächtnisses zur kollektiven Identität immer wieder auf den Prüfstand gestellt und aufgebrochen wird."

Aus NZZ, Die Tränen der Erinnerung, Helmut König (2010)

„Solche Mythen lösen die historische Erfahrung von den konkreten Bedingungen ihres Entstehens weitgehend ab und formen sie zu zeitenthobenen Geschichten um."

Aleida Assmann, Soziales und kollektives Gedächtnis; Bundeszentrale für politische Bildung (2006)

Warscapes . Entstehung des Mythos

Mythos Alpenfestung

Ein tieferer Einstieg in die Thematik ist in dieser Studie jedoch nicht von Interesse. Diese Aufarbeitung gehört ins Fachgebiet der Kulturanthropologen, Erinnerungswissenschaftler und Geschichtswissenschaftler. Vorweg soll der wichtigste Punkt zur Ermöglichung dieser Mythenbildung genannt werden, die der Latenz der Befestigungen. Niemand aus der zivilen Bevölkerung wusste wirklich, was sich in den Alpen befindet, von Flugzeughanger bis zum tausende Kilometer umfassenden Tunnelsystem wurde vieles erzählt. Weitere Aspekte werden im Laufe der Studie genannt und besprochen. Als ständig präsentes Thema in der Bevölkerung, als geistige Landesbefestigung und als Sicherung des Überlebens spielt das Reduit eine immens große Rolle für die schweizerische Bevölkerung.

5

6

7

2.3 Ästhetische Landschaft und Militär

Militärische Anlagen beeinflussen das Landschaftsbild, sowie die Landschaft die Größe und Position militärischer Anlagen beeinflusst. Beides hängt unmittelbar zusammen und wurde im Laufe der Zeit immer wieder aneinander angepasst und verändert[12].

Einfluss militärischer Prozesse

Durch diese Entwicklung lässt der Festungsbau Rückschlüsse auf die gesellschaftliche Situation zu und war, aufgrund der stetigen Forschung, der zivilen Architektur immer einen Schritt voraus[13]. Rückblickend erfolgte eine Beeinflussung der Militärarchitektur auf die Entwicklung einer Epoche[14]. Auch in der Landschaftsarchitektur wurde dieser Wissensvorsprung, wie in der Architektur, genutzt. Die Kartografie zeigt ein Beispiel dieser Auswirkung. Angefangen mit militärischen Karten zur Grundlage der Planung kommen heute wenige Planer ohne satellitengestützte Luftbilder aus. Die aktuell verwendete Qualität dieser Bilder wäre ohne das Militär nicht denkbar[15].

Bedeutung von Landschaft

Die grundsätzliche Bedeutung von Landschaft muss zur Analyse der militärischen Landschaft im Vorfeld beachtet werden. Verschiedene Forschungsansätze wie Landschaftsästhetik, Wahrnehmungsgeografie, Promenadologie, etc. versuchen hier sinnvolle und aussagekräftige Ansätze zu finden[16]. Einheitlich kann von dem Ergebnis ausgegangen werden, dass nicht nur die visuellen Aspekte der Landschaft, sondern von subjektiven Gesamteindrücken gesprochen wird. Lärm, Gerüche und weitere Faktoren bestimmen dieses Bild auf gleiche Weise mit[17].

---

12 Duffy, C. (1975). Fire & Stone. Devon: David & Charles. S 45.
13 Virilio, P. (1988). Die Sehmaschine. Berlin: Merve Verlag. S. 62
14 Foxley, A. (2010). Distanz & Engagement. Baden: Lars Müller Publishers. Foxley behauptet in ihrer Arbeit, dass die Festungsanlagen Vaubans die später entstandene barocke Gartenarchitektur beeinflusst hat.
15 Beispielsweise basiert Google Earth auch auf ursprünglich fürs Militär entwickelten Technologien.
16 Burckhardt, L. (2006). Warum ist Landschaft schön? Die Spaziergangswissenschaft. Berlin: Martin Schmitz Verlag.
17 Wöbse, H. (2003). Landschaftsästhetik. Stuttgart: Ulmer (Eugen).

8 Bild oben: „Getarnte Bunkerstellung", Landschaftsuntypische Bepflanzung als Versteck. In erster Linie dienten solche Tarnungen zur Deckung vor Luftaufklärung, aber selbst auf diesen Fotos ist es kein Problem, solche Stellungen zu entdecken.

9 Bild unten: Wir sehen drei Bunkerstellungen, zwei getarnt wie auf BIld oben und einer unter einer Eiche „versteckt".

Die aktuelle Diskussion[18] zur Landschaftsbildbewertung lässt sich grundsätzlich in zwei Sichtweisen unterscheiden. Auf der einen Seite soll die ursprüngliche Natur zurückgewonnen werden, auf der anderen Seite liegt die Konzentration auf einer korrekte Definition von Kulturlandschaft und dessen Erhaltung. Demnach gibt es zurzeit keine Werte zur idealen Landschaft und es gibt kein Ziel auf das zugesteuert wird. Dies ist kurz zu erwähnen, da wir uns mit dem Thema Militärlandschaft in Richtung Kulturland und dessen Erhaltung bewegen[19] und Gesichtspunkte dieser Sichtweise auch übernommen wurden.

Was bedeutet diese Kodierung durch Fremdfaktoren in unserem Landschaftsbild? Es bedeutet, dass es keine klar definierbaren Typen gibt, keine Möglichkeit Landschaft erschöpfend zu beschreiben. Unterteilungen in verschiedenste Biodiversitäten und in oft einmalige Eigenschaften, bzw. Zusammensetzungen sind möglich. Kulturelle Prägung wird als Typus in erster Linie durch dessen Nutzung eingebunden[20]. Bisher wird objektbezogener Landschaftsschutz durch die Denkmalpflege betrieben[21], hier wird aber das Objekt und nicht die durch dieses Objekt geprägte Landschaft geschützt. Dies kann

---

18   Aktuelle Diskussion meint die regelmäßig erscheinenden Fachbeiträge und Bücher, . von Wöbse (2003)/Coch (2006)/Archithese (2009)/etc.
19   Artner, A.,etc. (2006). Future Landscapes. Bonn: Bundesamt für Bauwesen und Raumordnung. S.69 ff
20   Wöbse, H. (2003). Landschaftsästhetik. Stuttgart: Ulmer (Eugen).
21   Keller, S., Lovisa, M., & Geiger, P. (1995). Inventar der Kampf- und Führungsbauten, Militärische Denkmäler der Kantone

in besonderen Fällen zu einer Fehlinterpretation eines Landschaftsbilds führen, hier der Militärlandschaft Schweiz. Dabei wird Landschaft ikonologisch kodiert, d.h. sie wird zeichenhaft verändert und bekommt somit einen neuen Sinn und Ausdruck. Dies Sachverhalt wird an einem einfachen Beispiel dargestellt.

Der Betrachter steht an der Landesgrenze zwischen der Schweiz und Italien in von Bergen. Es ist nichts zu sehen außer der umgebenden Flora, Fauna und Geologie. Ist es für den Betrachter nun „gefühlt" ein Unterschied ob er in der Schweiz oder in Italien steht? Es ist anzunehmen man könne die Landschaft als Gesamtbild wahrnehmen und dass dem Betrachter die Alpen als vordergründige Information erscheinen, jedoch hängt es vom Vorwissen dieses Betrachters ab. Aber es reicht schon ein kleines Hinweisschild, das ihn beim Übertreten dieser unsichtbaren Grenze in eine andere Welt versetzt. Dieser Effekt lässt sich wohl am Eindrücklichsten am Nullmeridian bei Greenwich feststellen, dort kann man jeden Tag beobachten was ein „Grenzwechsel" in diesem Sinne für die Wahrnehmung bedeutet.

Was bedeutet kodierte Landschaft im ästhetischen Kontext eben dieser Landschaftsbetrachtung? Kann es diese aufwerten und zu einer besseren Beurteilung führen, beispielsweise durch die Kenntnis des Bewirtschaftungstypus eines Ackers? Studien[22] haben ergeben, dass blühende Rapsfelder von der Mehrheit der Gesellschaft als ästhetisch wertvoller angesehen werden, als ökologisch sinnvolle Mischkulturen. Aber sobald der Betrachter Informationen über beide Bewirtschaftungsweisen erlangt hat, so hat sich auch seine Meinung zur landschaftlichen Schönheit geändert.

Wertung der Landschaft

In der Bunkerlandschaft Schweiz stellt sich daher die Frage, ob die Landschaft durch die mit ihr durchsetzten Objekte aufgewertet oder vielleicht sogar abgewertet wird. Auch der Beginn der Tarnung als „Falsche Chalets", Felsformationen, Holzlager, o.Ä.. ist erst in den Nachkriegsjahren entstanden. Ziel war der „Erhalt landschaftlicher Schönheit[23]" und es wurde begonnen die Bunker zur Erhaltung der Ideallandschaft zu tarnen. Nur muss man zu heutigem Standpunkt feststellen, dass ein „Verstecken" aus ideologischen und strategischen

Tarnung zur Erhaltung des Landschaftsbilds

---

22   Vgl. Artner, A.,etc. (2006). Future Landscapes. Bonn: Bundesamt für Bauwesen und Raumordnung.
23   Vgl. Schwager, C. (2008). Falsche Chalets. Zürich: Edition Patrick Frey.

Gründen nicht mehr von Nöten ist. Stellen wir die Annahme, dass das ursprüngliche Bauwerk auch das „natürliche", bzw. authentische Bauwerk ist? Ähnlich ist hier der Vergleich zur Diskussion um Kulturlandschaft auf bildlicher Ebene. Wenn diese Analogien zwischen Kulturlandschaft und Militärlandschaft auftreten, kann schwer gesagt werden, welches nun unser historisches Bauwerk ist. Die Festungsanlage wie sie im Krieg bestand oder die für Tourismuszwecke versteckte Anlage? Die Antwort spielt die entscheidende Rolle in der weiteren Auseinandersetzung im Umgang mit den Anlagen. Kann daher überhaupt eine Rekonstrution wie in der Denkmalpflege stattfinden? Ist das überhaupt ein sinniges Ziel?

10   Tankgraben Näfels

Landschaft finden wir überall dort wo Menschen diese zur Landschaft werden lassen, erst die Interpretation von Natur und Kultur lässt diese zur Landschaft werden.

Aus: Weixlbaumer, & Norbert. (2004). Wahrnehmungsgeographie. Wien: Institut für Geographie Wien.

2.4 Lesen von Landschaft

Wann entsteht die nun besprochene Landschaft? Im vorherigen Kapitel wurde behauptet, dass alles was in einer Landschaft geschah oder geschieht, auch Einfluss auf die Wahrnehmung dieser Landschaft hat. Vorwissen und verschwindend geringe Zeichen können das in den Köpfen des Betrachters entstehende Bild grundlegend ändern.

Wenn nun wirklich erst der Mensch Natur- und Kulturlandschaft entstehen lässt, verändert sich diese dann durch mehr als die in ihr stattfindenden natürlichen und zeitlichen Prozesse? Auch durch unterschiedliche Siedlungsweisen, Agrarbewirtschaftung, politische Grenzen und unterschiedliche Gesellschaftsstrukturen wird sie immer mehr zu einer individuellen und kulturell geprägten Landschaft von Kulturlandschaft. Diese hat schon immer in verschiedenster Art und Weise Einfluss auf die Interpretation von Landschaft gehabt.

Unser Verständnis für Landschaft obliegt immer einer persönlichen und einer gemeinschaftlichen Erfahrung, jeder birgt vorgefertigte Bilder und Wunschdenken, wenn er sich mit Landschaft auseinandersetzt. Unsere Wahrnehmung ist unvollständig und hängt von unserer Stimmung, unseren Erfahrungen und dem mitgebrachten Wissen ab. Es ist nicht objektiv beschreibbar welchen Eindruck eine Landschaft erweckt.

Wenn heute Biotopinseln als Bereicherung und als ökologisch wertvoll angesehen werden, so waren es vor wenigen Jahrzehnten noch großtechnische Einrichtungen die für Fortschritt und Weiterentwicklung standen[24]. Diese werden heutzutage als Landschaft zerstörende Maßnahmen gesehen.

Verstehen der Kulturlandschaft

Einfluss des Vorwissens auf den Betrachter

---

24 Schindler, R., Stadelbauer, J., & Konold, W. (2007). Points of View, Landschaft verstehen - Geografie und Ästhetik, Energie und Technik. Freiburg: modo Verlag. S.52.

Wahrnehmungsgeografie beschäftigt sich nicht mit den objektiven Raumverhältnissen, sondern mit individuellen Raumwahrnehmungen und Bewusstseinsleistungen.

Eigener Text (2010)

Konflikt der
Nachkriegsgenerationen

Es wird somit unterschieden wer den Raum beschreibt und welches Vorwissen der Betrachter besitzt. Dies bedeutet, dass kognitive Wahrnehmung in der Landschaftsbeschreibung im Vordergrund steht und die Realität verzerrt. Diese zustande gebrachten Gedächtnis- und Erinnerungsleistungen sind für uns daher spannend, wenn entschieden wird für wen das Projekt am Ende gedacht ist. Kann den aktiv an Kriegsgeschehnissen teilgenommenen Generationen geholfen werden ihre Erinnerungen zu verarbeiten? Soll den in der Nachkriegszeit aufgewachsenen und somit immer noch betroffenen Generation oder für die Generation, die die jüngste Geschichte nur aus dem Unterricht und Büchern kennt, geplant werden? Diese Entscheidung wirkt sich stark auf den Umgang mit den zu erhaltenen Anlagen und benötigt die Erkenntnisse der Wahrnehmungsgeografie.

13

14

2.5 Spuren der Erinnerung

Vernetzung der Gesichtspunkte zum Landschaftsbild

Wie festgestellt wurde, spielt für die Wahrnehmung mehr als nur das Visuelle eine Rolle. Was bedeutet nun diese Form der Landschaftsbetrachtung? Wonach halten wir Ausschau, wenn wir uns auf Feld und Flur begeben? Die Frage konkret zu beantworten ist mitunter schwierig, gar unmöglich. Wir müssen davon ausgehen, dass auf eine mehr oder weniger ausgeprägte Weise bereits ein Vorwissen besteht, wenn wir diesen Landschaftsausdruck wahrnehmen möchten. Eine militärische Landschaft zu sehen bedeutet auch eine Kulturlandschaft wahrzunehmen. Die Vernetzung architektonischer, kultureller, historischer, sozialer und landschaftlicher Gesichtspunkte bietet ein facettenreiches Landschaftsbild mit vielseitigen Interpretationsmöglichkeiten.

15

16

17

18 Die Erinnerung an das Reduit durch Panzersperren, genannt Toblerone, entlang fast allen Bahntrassen der Schweiz. Die Wahrnehmung für den Reisenden wird durch diese Elemente geprägt und bleibt dauerhaft in Erinnerung.

Warscapes . Spuren der Erinnerung

19

20

Warscapes . Spuren der Erinnerung

Schleier der Vergangenheit

Im Bild einer militärischen Landschaft liegt oftmals ein Mythos inne, eine Geschichte die erzählt werden will. Diese militärischen Netze bestehen aus mehr als nur Bunkern, in materieller Form finden sich auch weitere passive Blockaden und Bearbeitungsrückstände aus der Erstellungszeit. Aber das eigentliche, das wichtige solcher Landschaften ist der permanente Schleier der Geschichte der über ihnen liegt. Einzugsbereiche, Sichtfelder und strategische Karten haben die Landschaft zerteilt ohne in Erscheinung zu treten. An manchen Stellen sind noch alte Panzerspuren zu entdecken, die auf dem Boden sichtbar sind, es sind Relikt einer Nutzung. Solche Spätfolgen treten in jedem Maßstab und in vielen Formen auf. Diese zeigen sich als Panzerspuren, Wracks, Terraformende Maßnahmen, Vegetationsstörungen oder Chemikalieneinsatz. Dies alles sind indirekt auftretende Effekte, die eine Landschaft über Zeit prägen, selbst wenn der Krieg lange vorüber ist.

Latente Landschaft in der Schweiz

Bekannt ist die Landschaft um Verdun, die durch den in ihr stattfindenden, außerordentlichen Stellungskrieg in die Geschichte eingegangen ist[25]. Die Besonderheit in der Schweiz stellt sich dadurch dar, dass es nie zu einer Prüfung der militärischen Infrastruktur kam und sich trotzdem manche dieser Merkmale finden lassen. Klar sichtbare Spuren, des militärischen Einsatzes in der Schweiz, finden sich heute zum Beispiel auf Truppenübungsplätzen, wo Pioniervegetation auf die regelmäßige Zerstörung des Bewuchses angewiesen ist. Verlassene Schützengräben und Kabelgräben sind noch in den Wäldern zu finden und stellen einen Teil der gewohnten Sicht auf die Landschaft dar.

---

25 Stahlmann, & Grasser. (1983). Westwall, Maginot-Linie, Atlantikwall. Kempten: Druffel-Verlag. S.140ff.

21

22

Warscapes . Spuren der Erinnerung

Zusammenfassung
Warscapes

Warscapes gibt eine Einführung in die Thematik der militärischen Landschaft, welche unsichtbaren Ebenen zu ihr gehören und den Zusammenhang des Kriegs zur Landschaft. Einem zu leichtfertigen Umgang mit Landschaft und dessen Erhaltung muss daher zuvorgekommen werden. Im Laufe der Studie wird festgestellt, dass die öffentliche Diskussion eine zu große Aufmerksamkeit dem Objekt selbst schenkt, während die landschaftliche Verknüpfung vernachlässigt wird. Die Studie versucht dieses Defizit zu hinterfragen und eine höhere Bedeutung der Landschaft aufzuzeigen.

23

3. Forts & Festungen

3.1 Europäische Entwicklungen

Wissenaustausch innerhalb Europas

Der Umgang mit historischer Militärarchitektur erfolgt durch einen Blick auf die Festungslandschaft Europas. Durch historische Gemeinsamkeiten und durch den, zu Beginn des zweiten Weltkriegs stattfindenden, Wissensaustausch[26] ist der Bezug zur Schweiz am größten. Die meisten europäischen Staaten haben militärische Relikte in ihrem Besitz[27], es sind die Überreste vieler Jahrhunderte Krieg.

Eindrücke, Erfahrungen und Ausblicke zählen in der Betrachtungsweise vor Fakten der Historie. Durch eine vielseitige Herangehensweise öffnet sich ein Spektrum zur freien Interpretation. Viele der Bauwerke wurden schon ausführlich beschrieben und dokumentiert, eine Wiederholung dessen soll also nicht Vorbild oder Ziel sein. Vielmehr zeigen sich Impressionen, die zum Verständnis der militärischen Landschaft führen. Die lange Entwicklung einer landschaftsprägenden Festungsarchitektur wird vor Augen geführt.

---

26   Lovisa, M. (05 1999). Von Bunkern, Forts und Tobleronen. archithese , S. 34f.
27   Eine sehr umfangreiche Auflistung vieler Festungen ist im Internet unter „Burgenwelt" (http://www.dickemauern.de/europa.htm) zu finden.

24 Festung Neuf-Brisach

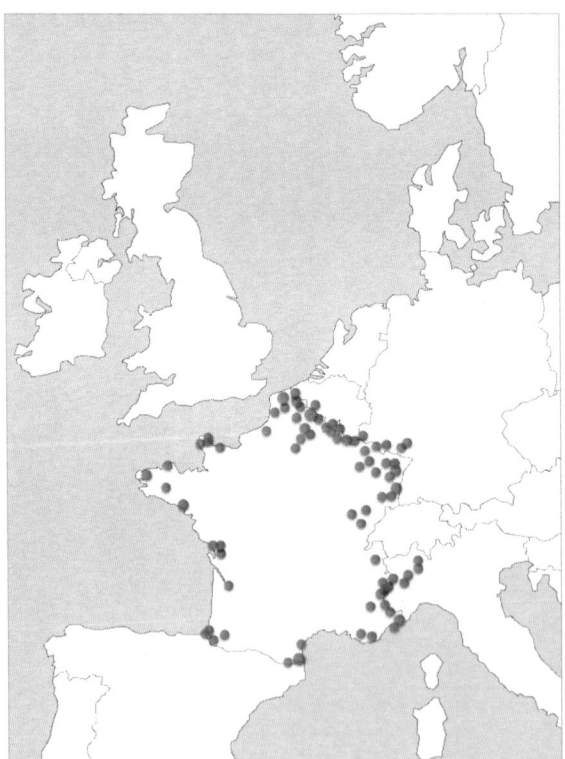

25 Lage der errichteten Festungsanlagen durch den Festungsbauer Vauban in Frankreich

3.2 Verteidigungsarchitektur

Barocke Festungsbauten wie die Feste von Vauban[28] galten nicht nur als Schutzvorrichtung, sondern hatten zu dieser Zeit durchaus auch ästhetische Reize. Die Formen der strikten Geometrie und der Ordnung galten als schöne Werte. Somit hat sich in dieser Bauform die Funktion, den Krieg der Stadt fernzuhalten, auch mit der Identität der städtischen Gesellschaft verbunden. Vauban selbst gilt hier als repräsentatives Beispiel und hat durch Festungsbauer Sébastian Le Prestre, alias Marquis de Vauban seinen baulichen Höhepunkt mit Neuf-Brisach erreicht[29].

Vauban

Obwohl größere Terrainveränderungen schon seit vielen hundert Jahren zur Befestigung von Bauwerken und zur Sicherung der Landesgrenze[30] durchgeführt wurden, so war jedoch der Schritt zur Verwendung dieser Terrainmodifikationen in der Offensivbewegung und in der Konsequenz zur Standortwahl neu. Auf den folgenden Seiten wird eine Einführung in aktive Geländeveränderung während des Kriegs und den damit verbundenen Sicht- und Schussbeziehungen gegeben.

---

28 Sebastian de la Preste, alias Marquis de Vauban (1633 - 1707), war der erfolgreichste Festungsbauer seiner Zeit. Rund 100 Festungsanlagen lassen sich auf seine Pläne zurückführen.
29 Rutishauser, S. (2001). Die „Schönheit des Schrecklichen" und die „Faszination des Geheimen". Militärische Denkmäler in den Kantonen Solothurn, Basel-Stadt und Basel-Landschaft, S. 8.
30 Vgl. Duffy, C. (1975). Fire & Stone. Devon: David & Charles.

NAMUR Stadt und S[chloss]
von der Anderen Seit[e]

Schloss

die Stadt 52 Ruten

Forts & Festungen . Verteidigungsarchitektur

Die aufwendige Kartographie, mit Berücksichtigung des Terrains und den Beziehungen einzelner militärischer Standorte, ist auf dieser Karte gut zu erkennen. Abgebildet wird der Blick von Norden auf die Festung Namur (1695, Bodenehr). Unten links im Bild sind König William III. und der Kurfürst Bayerns abgebildet, während sie die Beziehungen und die Taktik mit einem der Offiziere besprechen. Die Landschaft wird perspektivisch stark verzerrt gezeigt, so dass sie kontrollierbar ist. Der eigene, besetzte Raum ist aus der Luftperspektive sichtbar, der fremde, unbekannte Raum hingegen kompakt eingefügt. Strategisch wichtige Geländeinformationen und Topografie werden so dargestellt. Alle anderen Merkmale werden zu Gunsten der Übersichtlichkeit in der Studie ausgelassen.

Die vorliegenden Abbildungen, aus den Archiven und Planungsunterlagen Vauban's zeigen, wie die Umgebung einer Festung in Eroberungsstrategien eingebunden wurde. Besondere Aufmerksamkeit ist auf die strenge Geometrie dieser Gräben zu richten, topographische Gegebenheiten wurden im letzten Zug einer Eroberung kaum beachtet. Gänge wurden so gesprengt und gegraben, wie die strategische Ausrichtung dies vorgesehen hatte. Der Rückzug des Menschen aus seinem natürlichen Lebensraum zur militärischen Überlegenheit durch Unsichtbarkeit kann aus den technischen Entwicklungen gelesen werden. Im 17. Jahrhundert konnte sich beim Sturm einer Festung nachts bewegt werden, um z.Bsp. Gräben für den Tag vorzubereiten, während sich im Krieg des 20. Jahrhunderts sich das freie Gelände auch nachts als Gefahrenzone darstellte.

Zur besseren Deckung mussten Gänge durch Miniertrupps unterirdisch gegraben und gesprengt werden[31], um die Festung stürmen zu können. An diesen Abbildungen wird deutlich, wie landschaftliche Elemente hier endgültig an Bedeutung verlieren.

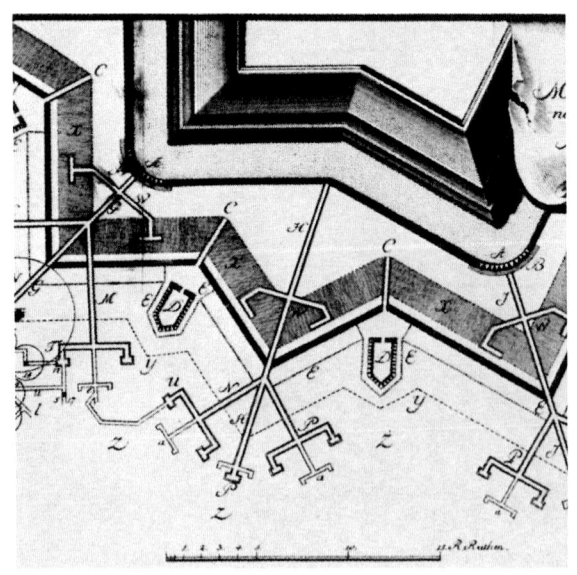

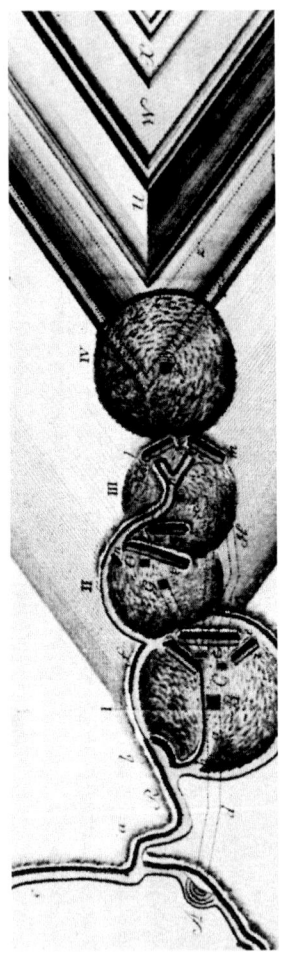

---
31 Lechenet, F., Sartiaux, F., & Ansault, F. (2007). Vauban: Plein ciel sur.

27 Links: Teilsymmetrische Ausrichtng der Angriffswege in Bezug zu Festung

28 Oben: Unterirdische Grab- und Sprengarbeiten

29 Rechts: Der Weg in die Erde im Schnitt

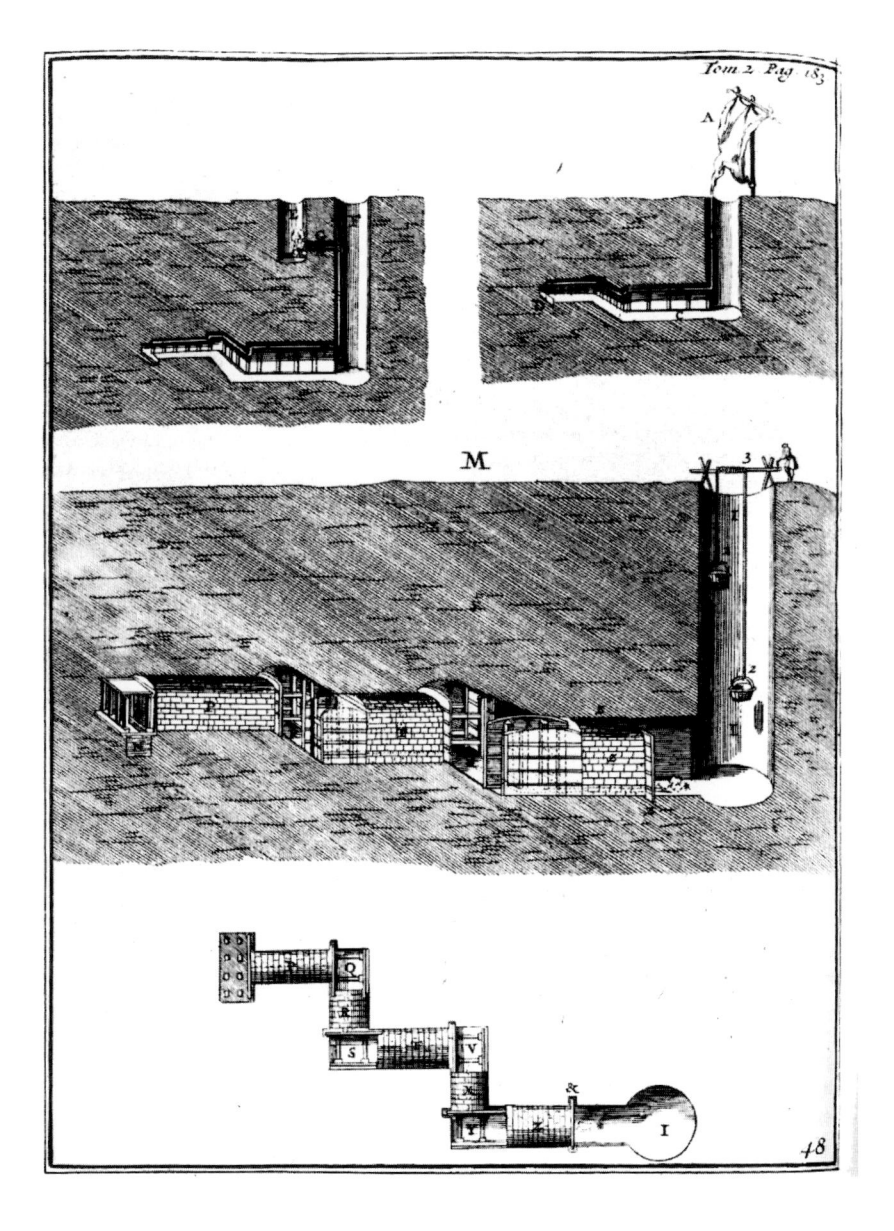

Forts & Festungen . Verteidigungsarchitektur

30

31

32

3.3 Die Festung versinkt

Franzensfeste, Südtirol

Wenn Festungen bis Ende des 18. Jahrhunderts noch auf exponierten Standorten thronten, so verschwinden sie Anfang des 19. Jahrhunderts immer mehr aus dieser Solitärstellung. Eine reine Verteidigungsarchitektur, wie sie durch die Werke von Vauban noch erfolgreich praktiziert wurde, reichte nicht mehr aus, um sich effizient zu gegen den Feind zu schützen. Die leichte Zugänglichkeit wurde, durch die Entwicklung in Aufklärungs- und Waffentechnik, mehr und mehr zur Schwachstelle der Festungsbauten. Der Rückzug in geschütztere Standorte wie an die engste Stelle des Wipptals[32] war die logische Konsequenz. Die Franzensfeste stellte somit den ersten Schritt zum Rückzug aus der Ebene dar.

---

32 Rohrer, J. (2008). Die Franzensfeste: für einen Feind der nie kam. Bozen: Autonome Provinz Bozen.

33

34

Forts & Festungen . Die Festung versinkt

Lage und Funktion

Sie befindet sich an einer seit über 2000 Jahren alten, wichtigen Passstraße zur Überquerung der Alpen[33]. Die erste große militärische Bedeutung findet sich während des Tiroler Freiheitskampfes 1809 mit dem Höhepunkt in der Schlacht „Sachsenklemme". Im Anschluss daran wurde aufgrund der strategischen Lage und der geologischen Vorrausetzung der Ort Franzensfeste zur Errichtung einer Verteidigungsanlage durch Kaiser Franz I. ausgewählt. Die endgültige Einweihung der Anlage geschah 1838. Die Unterzeichnung des Dreiländerbundes durch Deutschland, Österreich und Italien (1882) verursachte nun aber einen Bedeutungsverlust der Anlage. Fortan diente sie in erster Linie als Lagerstätte für Waffen und Munition. Damit zeigt sich die größte Schwachstelle dieser Festung, unbeweglich und für ihren Zweck zu teuer. Ihr Nutzen ist damit sehr schnell vergangen.

---

33 „Bereits 2500 v. Chr. findet sich eine kleine Siedlung bei Franzensfeste, was Funde von Hausgeschirr belegen." (Fritz, M. M. (2004). Geschichte Tirol. Von http://geschichte-tirol.com. abgerufen)

35

36

37

Umbau und Nachnutzung

Nach einer langen Zeit der Stille um die Franzensfeste, wurde im Zusammenhang der Deklassifizierung ausgedienter Militäranlagen begonnen, die Anlage einer neuen Nutzung zuzuführen. Erste Nutzungen nach dem Umbau im Jahr 2008/09 sind auf künstlerischer Seite zu beachten, jedoch ist dies bewusst als Zwischenlösung angesetzt worden und die Frage nach der zukünftigen Nutzung ist noch zu klären. Mögliche Nutzungen stehen in engem Zusammenhang mit dem Bau des Brenner Basistunnels, der sein südliches Ende an dem Ort Franzensfeste finden wird[34].

Zusammenhänge im Freiheitskampf bezüglich *„dem Feind der nie kam*[35]*"* wurden mitunter als Anlass genommen, diese Freiheit als Thema der Feste aufzugreifen[36]. Der historische Bezug zu den Freiheitskämpfen wird nicht direkt als Thema betrachtet, sondern als raumfüllendes Thema. Als Ergebnis zeugt die *Manifesta7* mit einer Gedanken beflügelnden Ausstellung zum Thema Freiheit. Dieser Kontext steht in engem Bezug zur Schwere dieser Festung mit ihren dicken Mauern und den sich öffnenden und schließenden Räumen und Gängen.

---

34 Hempel, A. G. (B1 2010). Kampflos übergeben. Baumeister.
35 Rohrer, J. (2008). Die Franzensfeste: für einen Feind der nie kam.
36 Manifesta 7. (2008). Abgerufen am 05.05.2010 von Manifesta 7: http://www.manifesta7.it/

3.4 Zersiedelung der Festungswerke

Die in der Festungsarchitektur gemachte Erfahrung, zusammen mit der zunehmenden Geschwindigkeit der mobilen Streitkräfte[37], setzt eine ständige Landesbefestigung voraus. Die einzige Möglichkeit dies auf effektive Art und Weise zu gestalten sind befestige Unterstände, passive Verteidigungsbauwerke und aktive Verteidigungsanlagen. Die zwei wichtigsten Beispiele werden im Folgenden erläutert.

Maginot-Linie

Die Maginot-Linie stellt die Erstverteidigung Frankreichs gegenüber dem deutschen Reich dar. Sie wurde zwischen 1930 und 1940 gebaut und genutzt. Da die Verteidigungslinie aber nur unzureichend ausgebaut wurde und zu viele Streitkräfte stationär benötigte, konnte sie nicht lange gehalten werden. Deutsche Streitkräfte konnten die, oftmals ohne topografische Vorteile gelegenen, Bunker- und Festungsanlagen relativ problemlos überwinden. Die Ausrichtung

Heutiger Zustand & Projekte

---
37 Frei, H. (1. 2 2000). Eingriffe von oben. bauen + wohnen , S. 50ff.

Forts & Festungen . Zersiedelung der Festungswerke

der Bunker ist, trotz der topografischen Nachteile, entlang der französischen Grenze gelegt worden, um die französische Bevölkerung zu schützen. Ein Bodenverlust an den Feind galt es unbedingt zu verhindern. Aus militärischer Perspektive ist interessant, dass die Anlagen vom Eroberer oft einfach liegen gelassen wurden, ohne dass ein Versuch unternommen wurde, sie einzunehmen. D.h. selbst nach der Besetzung Frankreichs wehte noch die französische Flagge über diesen Anlagen und ist demnach Beleg für die taktische Bedeutungslosigkeit an vielen Standorten[38].

Die Maginot-Linie wurde größtenteils im zweiten Weltkrieg zerstört, einige der Werke sind dennoch erhalten und restauriert worden. Das historisch touristische Interesse kann als hoch eingestuft werden, da ein Interessenkreis der Maginot-Linie existiert. Durch die Lage an Mosel und Elsass sind daran zusätzliche Ausflugsziele gebunden. Dieses Interesse lässt sich an den die Anlagen verbindenden Wanderwegen und der professionellen Vermarktung durch Tourismusagenturen feststellen. Gerade für die dort ansässige Bevölkerung ist die Auseinandersetzung mit der Vergangenheit von großer Bedeutung, da im Grenzgebiet viele Gebietswechsel und kriegerische Auseinandersetzungen stattgefunden haben. Freundschaften und Familien wurden getrennt, Besitztümer haben fortwährend gewechselt und Lebensstrukturen haben sich verändert. Heute noch ist der besondere Bezug der zueinander gehörenden Grenzregionen in der Bevölkerung spürbar.

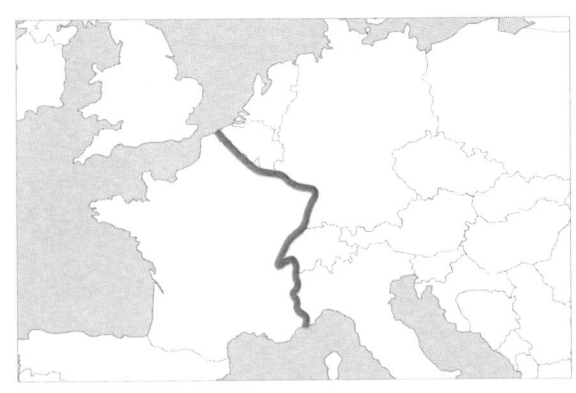

39   Lage der Maginot-Linie entlang der französischen Grenze

38 Stahlmann, & Grasser. (1983). Westwall, Maginot-Linie, Atlantikwall. Kempten: Druffel-Verlag. S. 128

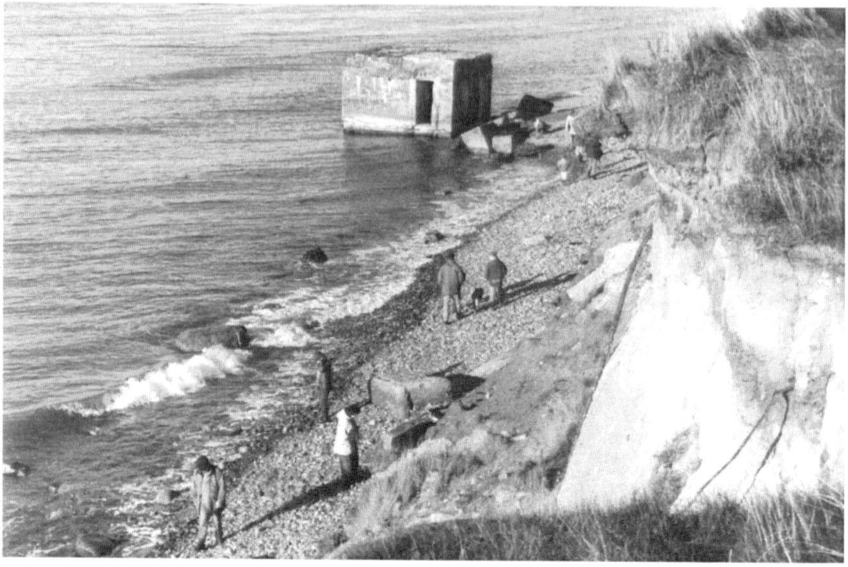

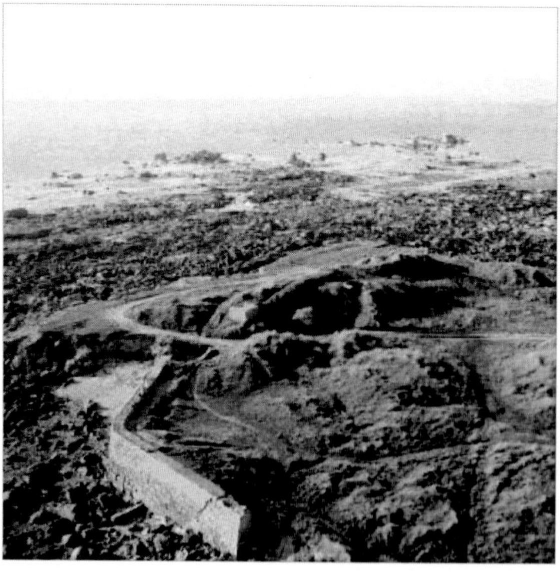

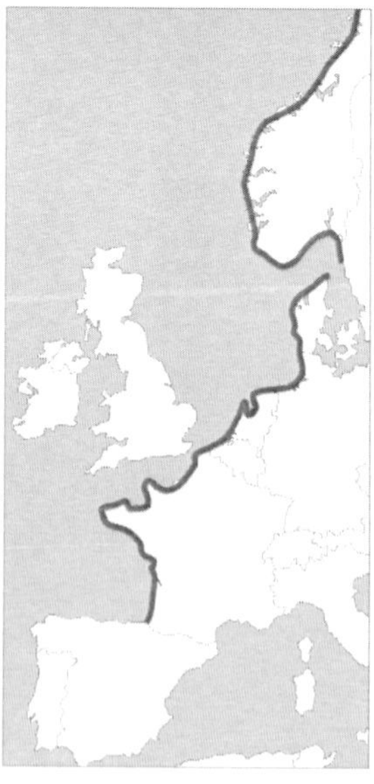

Atlantikwall

Der Atlantikwall stammt aus der Zeit des zweiten Weltkrieges und wird oftmals als die imposanteste, noch existierende, Verteidigungslinie Europas gesehen. Die Entstehung des Atlantikwalls liegt in der Zeit zwischen 1939 – 1944 entlang der westlichen, kontinentalen Küste, vereinzelt weichen Stellungen auch auf Inseln oder, in kurzer Distanz, weiter ins Festland aus. Zu dieser Anlage gehören mehr als 12.000 Betonbunker[39] in unterschiedlicher Typologie, die als standardisierte Bauwerke errichtet wurden. Geringe Differenzen gibt es durch technische Neuerungen, aber es sind keine regionalen Eigenheiten feststellbar, da die Errichtung unmittelbar nach Eroberung durch die Wehrmacht begonnen hat. Der Großteil der Arbeiter waren Gefangene des deutschen Reichs, die zum großen Teil während dieser Arbeiten ihr Leben lassen mussten. Sinn dieser Anlage war die Verteidigung des europäischen Festlands zum Atlantik und den britischen Inseln. Das Kernareal dieser Anlage befindet sich in der Bretagne, wo durch den Ärmelkanal der engste Abstand zur englischen Küste besteht. Nach Eroberung durch die Alliierten wurde der Wall jedoch ohne weitere Planung im seinem Zustand belassen, bzw. liegen gelassen.

Aufgrund der Tatsache, dass der Atlantikwall in direkten Kriegsgeschehnissen eingebunden war und somit unmittelbar nach Kriegsende auch seine Funktion verloren hatte, wird dieser heute als historisches Denkmal betrachtet. Künstler und Journalisten haben sich intensiv mit der Anlage auseinandergesetzt und halten diese in Teilen zur Erinnerung an den zweiten Weltkrieg intakt[40]. Eine große Anzahl von Kriegsmuseen hat sich an diesem Wall eta-

40 Die Grafik zur Linken zeigt die Lage des Atlantikwalls entlang der Strecke von Südfrankreich bis nach Nordfinnland. Die Hauptbefestigung ist dem Küstenabschnitt Nordfrankreichs und Belgiens geschehen.

41 Das Bild ganz links zeigt einen Abschnitt des Atlantikwalls an der französischen Küste in der Bretagne.

42 43 Die Schwarzweißgrafiken oben zeigen heutige Überreste des Atlantikwalls, ebenfalls in der Bretagne.

39 Stahlmann, & Grasser. (1983). Westwall, Maginot-Linie, Atlantikwall. Kempten: Druffel-Verlag.. S. 43.

40 Vgl. Virilio, P. (1992). Bunker archeology. Wien: Hanser.

44

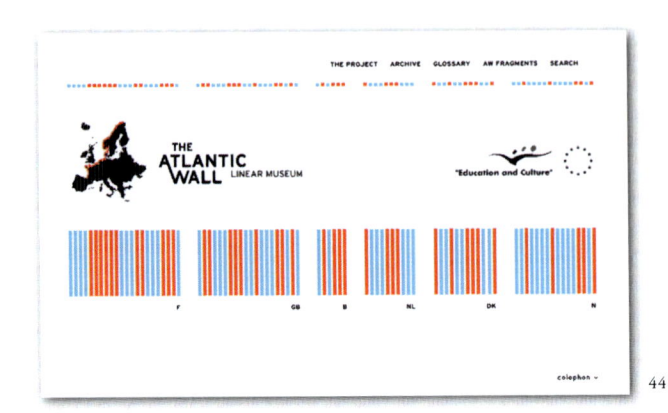

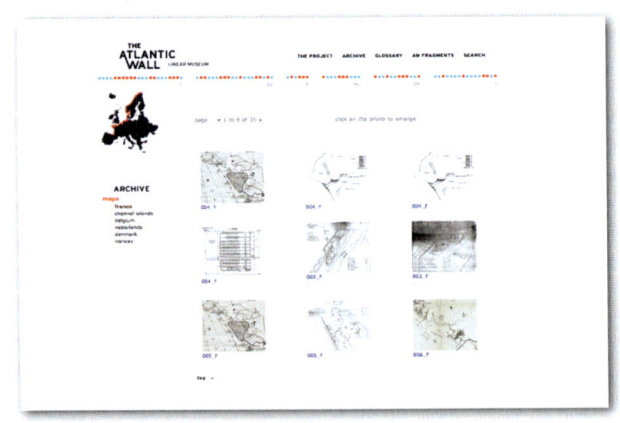

45 Das Project „Atlantic Wall Linear Museum" ist ein im Internet präsentiertes Forschungsprojekt mit dem Ziel, den Atlantikwall umfassend und ausführlich zu dokumentieren und zu hinterfragen.

Forts & Festungen . Zersiedelung der Festungswerke

bliert und viele befinden sich auch direkt in diesen Gebäuden. Die Problematik war immer noch der zusammengewürfelte Zustand dieser Gedenkstätten, ein Gesamteindrucks des Ausmaßes konnte dem Besucher nicht vermittelt werden[41].

Atlantic Wall Linear Museum

Da dies aber ein wesentlicher Gesichtspunkt zur Wahrnehmung und zur gesellschaftlichen Einflussnahme ist, wurde ein übergeordnetes Projekt geschaffen, dies ist das „Atlantic Wall Linear Museum". Es ist der Versuch einer vollständigen und umgreifenden Analyse des Atlantikwalls. Dieses Projekt ist in seinem Umfang einmalig und wird in den späteren Überlegungen zum Reduit nochmals zu Rate gezogen.

46 „Mit Bunkern kann man alles machen, nur eines nicht. Nämlich Kunst." Gruber Hetum, *Bunkerfotografien, Kunstmuseum Bonn* (2000). Im Buch innere Sicherheit werden Bunker als Kunstobjekte behandelt. Besonders die atypische Erscheinung der durch die Zeit gewandelten Objekte des Atlantikwalls stellen die Vergänglichkeit dieser Anlagen dar.

41 Marszoleck, I., & Buggeln, M. (2008). Bunker. Frankfurt: Campus Verlag.

3.5 Festung Europa

Touristische Erschließung

Das vorherige Kapitel gibt einen Aufriss über militärische Architektur in Europa. Kurze Erläuterungen und die Darstellung verschiedener Typologien geben einen Einblick in moderne Verteidigung seit Erfindung durchschlagender Artillerie. Die Vielfalt der Festungswerke steht für die Bedeutung der Entwicklung über die Jahrhunderte. Alle genannten Anlagen, und viele die an dieser Stelle nicht genannt werden konnten, sind heute Attraktionen und erfreuen sich hoher Besucherzahlen. Zusammenhänge zur modernen Stadtentwicklung und zur landschaftlichen Deutung und Gestaltung konnten herausgefunden werden.

Die Festung Europa ist über viele Jahrhunderte entstanden. Einige dieser Festungen kamen zum Glück nie zum Einsatz. Mit anderen sind jedoch traurige und erschreckende Geschehnisse verknüpft, die in der Gesellschaft verankert sind und durch die die zurückgelassenen Anlagen nicht in Vergessenheit geraten. Im nächsten Kapitel REDUIT NATIONALE wird die Alpenfestung betrachtet. Sie ist räumlich eine der größten Anlagen, wurde jedoch nie in Kriegsgeschehnisse eingebunden. Die Alpenfestung „Reduit nationale" hebt sich von den genannten Anlagen in vielerlei Hinsicht ab. Dazu zählt die landschaftliche, topografische und politische Betrachtung.

4. Réduit nationale

47 Verteilung der Werke in der Schweiz nach „Militärische Denkmäler der Schweiz". Die Grafik zeigt die Aufteilung in Quantität der Anlagen, Qualität und Festungsgrösse sind im Bereich des Reduit jedoch erheblich grösser.

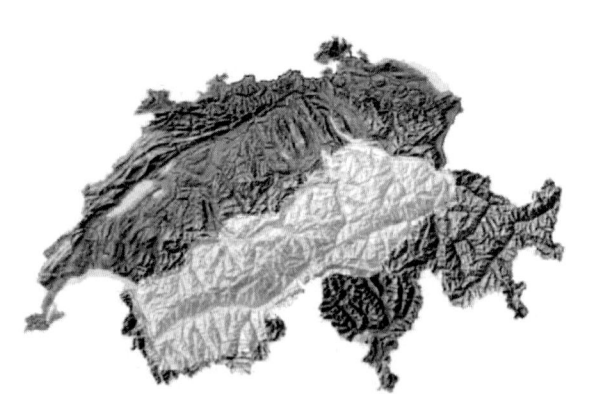

48 Das Einzugsgebiet des „Reduit nationale" Hier findet sich die Zentralregion der Verteidung und dient im Verteidigungsfall als Rückzugsort der Armee und der Regierung.

4.1 Eine Festung der besonderen Art

Festungsbau ist Architektur, Festungsbau ist Repräsentation und Festungsbau ist Schutz.

Festungsarchitektur neu definiert

Architektur greift Konstruktionsprinzipien und viele Ideen aus der Natur auf und orientiert sich an ihr, schafft Räume und verknüpft sie. Im Fall der Alpenfestung lässt Architektur Räume wieder zur Natur werden, Täler werden Festungsgräben, Berge und Hügel werden Aussichtspunkte und aus massivem Fels werden Geschütztürme.

Das „Réduit nationale" steht als Inbegriff des Widerstands der Schweiz gegen das dritte Reich. Es bezeichnet den Kern der Verteidigungsanlage, genauer die Alpenfestung zwischen Sargans, St. Maurice und dem Gotthard. Grundlage ist der in Auftrag gegebene Plan durch General Guisan zur Verteidigung der Schweiz. Er sieht vor, nicht eine solide Festung zu errichten, sondern das Land selbst zur Festung werden zu lassen. Es gab hier zwei Strategien, die verfolgt wurden, der erste Plan sah vor das ganze Territorium der Schweiz mit einer Grenzverteidigung zu schützen, der zweite sah vor sich auf einen soliden Kern[42] zu konzentrieren und dieses zu verteidigen.

Dezentralisierung als Folge

Die Verteilung der militärischen Anlagen entlang dieser Reduitgrenze war das Ziel, um Kollateralschäden durch Luftangriffe zu reduzieren. Selbst die städtebauliche Dezentralisierung der Schweiz folgt diesem militärischen Prinzip und besitzt heute noch Gültigkeit.

---

42   Der solide Kern wird von der Alpenkette dargestellt, Täler und Schluchten werden zu Gräben, Berge zu Türmen und Posten und geschützter gelegte Ort zu Befehlsstandorten. Detaillierte Informationen finden sich im vorherigen Kapitel FORTS & FESTUNGEN

4.2 Identität der Alpenfestung

Das Reduit Schweiz ist die geistige Landesverteidigung und der Wille eines souveränen Staats. Wohl kein Land der Welt hat eine vergleichbare militärische Infrastruktur geschaffen, um das Land zu verteidigen und zu bewahren[43]. General Guisan hat zu Beginn des ersten Weltkriegs in seinem Stab ein Konzept zur Wahrung der Eidgenossenschaft erarbeitet und diesen in Auftrag gegeben. Dieser sieht vor, eine nur dürftige Grenzverteidigung aufzubauen, um in erster Linie auf territorialen Besitz nach Kriegsende zurückgreifen zu können. Um diesen Plan realisieren zu können bedarf es einer befestigen Zentralregion, was in diesem Fall der Alpenraum ist. Dieses zentrale System wurde im Nachhinein bekannt als die Alpenfestung, bzw. als „Réduit nationale"[44].

Erarbeitung des Verteidigungskonzepts

Das Besondere dieser Festungsanlage ist die Einbeziehung der Landschaft, konkret der Topographie und der gegebenen natürlichen Umstände wie Vegetation und Gesteinstypen. Diese wurden genutzt um Erfahrungen aus dem Festungsbau in die Landschaft zu übertragen. Interessant wurde die Anlage auch durch den eiligen Beginn und der damit fehlenden Standardisierung der Bauten. Somit sind heute unzählige Bautypen innerhalb einer Bauwerkskategorie vorhanden, da immer unterschiedlich auf örtliche Gegebenheiten reagiert werden musste. Selbst die Beschaffung des Baumaterials war von Region zu Region unterschiedlich und schwankte demnach zwischen betonfreien Stollen, Naturstein-/Betonbauwerken und Beton-/Stahlkonstruktionen.

Die Alpen als Festung

Nach Ende des zweiten Weltkrieges wurden die schon im Bau weit fortgeschrittenen Bauwerke fertig gestellt und alle anderen im Bau befindlichen Objekte abgebrochen. Trotzdem ist das zu dieser Zeit beschlossene Ende des Reduits nicht eingetreten, sondern es hat durch den Beginn des Kalten Kriegs ausschließlich Umstrukurierungsmaßnahmen erfahren. Der Ausbau wurde fortgesetzt und bestehende Anlagen wurden kontinuierlich modernisiert, das neue

---

43 Hier ist anzumerken, dass Anlagen wie die der Atlantikwall, die Maginot-Linie oder der Westwall keine reinen Verteidigungsanlagen waren. Die Anlagen dienten zum Großteil zur Rückendeckung an der Front. Auch wenn dies zur Maginot-Linie nicht voll zutrifft, waren hier die mobilen Streitkräfte der bedeutendere militärische Teil.

44 „réduit (Franz. Verschlag) nationale (Franz. national)" Die Alpenfestung, sie wurde zum Inbegriff des Widerstands der Schweiz gegen das dritte Reich.

Réduit nationale . Identität der Alpenfestung

Ziel war die atomwaffensichere Schweiz. Dies hat sich durch taktische Überlegungen auf eine Dezentralisierung und eine mögliche Unterbringung der Bevölkerung gestützt. Die bestehende Struktur der schweizerischen Siedlungsweise hat sich für dieses Konzept angeboten und die Armee sich in dieser integriert. Ein gutes Beispiel hierfür liefert das Artilleriewerk Ennetberge mit seinen, als Chalets getarnten, Bunkern. Hier findet sich eine Anlage von rund zehn Bunkern, die in eine Siedlungsstruktur integriert und somit getarnt ist.

Ende des „Reduit nationale"

Die Fortsetzung des Reduitkonzepts hatte somit bis zum Ende des Kalten Krieges bestand und wurde erst in den folgenden Jahren überdacht. Die endgültige Reform kam dann im Jahr 1995 als Armeereform 95, diese reduzierte den Bestand um etwa zwei Drittel. Da diese Bauwerke durch Deklassifikation nun ihren Nutzen, und somit in ihrer Funktion den Wert verloren haben, kann man sie als historisch betrachten. In den folgenden Betrachtungen ist bereits eine Vorauswahl getroffen, um Übersichtlichkeit zu gewährleisten und Wiederholungen auf ein Minimum zu beschränken. Die vorliegende Studie versucht sich auf die Besonderheiten, sowohl in Nachnutzung als auch in historischem Potential, einzelner Anlagen zu beschränken. Diese Einschränkung erfolgt nach dem festgelegten Ziel, Besonderheiten und Unterschiede des Reduits zu anderen europäischen Anlagen aufzuzeigen.

49 Umnutzungskonzept aus dem Projekt Bunkerwelten der ZHAW Winterthur (Student Emanuel Moser, Architektur). Dieses Beispiel zeigt eine Station einer Schaukäserei geplant über mehrere Bunkeranlagen in Ennetberge.

50 Kopfzeile der Internetpräsenz des Festungsmuseums Reuenthal. Der Fokus liegt auf der Seite, wie im Bild, klar in der Sammlung militärischer Objekte zur Kriegsführung, anstatt dem Gedanken des Reduits zu folgen.

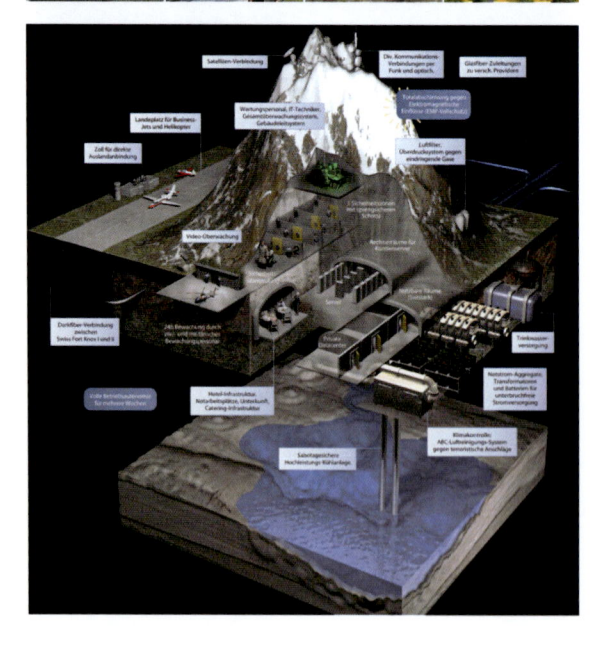

51 Übersicht des Swiss Fort Knox, eines der wenigen, rein privaten, Umnutzungen in den Schweizer Alpen. Hier können sensible Daten gegen jegliche Einflüsse von außen geschützt gelagert werden. Das links abgebildete Zentrum ist in einer Entfernung von 10 km doppelt vorhanden, um einen Datenverlust zu vermeiden. Als Lagerstätte wurden ehemalige Festungen von mehreren Kilometern Stollen der Schweizer Armee genutzt.

4.3 Problematik der Nachnutzung

Umnutzung nicht dem Ziel entsprechend

Der bisher geleistete Umfang von Umnutzungen oder Maßnahmen zur Erhaltung ist mitunter nicht gering. Die Grundlagenarbeit der Broschüren MILITÄRISCHE DENKMÄLERN DER SCHWEIZ hat hier beachtliche Vorarbeit zu vielen Projekten geliefert. Viele regionale Vereine und Stiftungen beschäftigen sich mit dem Unterhalt und der Zugänglichkeit und erfreuen sich großer Unterstützung seitens der Bevölkerung. Die prognostizierte Problematik könnte jedoch darin bestehen, dass dies nur durch die Generationen möglich ist, welche auch im Aktivdienst tätig waren. Bei diesen Anlagen finden wir auch das große Problem, dass sie oft recht einseitig ausgerichtet sind. Das heißt es sind in erster Linie Militärmuseen, die in den thematisch zugehörigen Räumlichkeiten eingerichtet wurden. Problematisch wird im Rahmen der Nachforschung erachtet, dass die anfangs erwähnte Differenzierung zwischen Historie und Gedächtnis verschwimmt[45].

Bessere konzeptionelle Vorarbeit notwendig

Dieser Effekt wird bei der Reportage durch Zeitzeugen oft beobachtet. Die übergeordnete Rolle des Reduit und der Bunkerlandschaft geht dabei verloren. Bei den Freiwilligen steht das persönliche Interesse meist im Vordergrund und eine kritische Auseinandersetzung mit der Thematik wird vernachlässigt[46]. Es mangelt an Interesse das Reduit zu erforschen, die Schweiz mit ihrer Landesbefestigung als Einheit zu sehen und zu ergründen. Das bisher gezeigte Interesse zeugt somit mehr von regionalem und persönlichem, als von nationalen Interesse. Dies bringt mit sich, dass das Konzept Reduit, bzw. der Gesamtkontext nicht als Denkmal erhalten wird. An dieser Stelle ist dann auch die Frage zu stellen, ob das Reduit nur in seiner Gesamtheit als erhaltenswert gilt oder auch nur in einzelnen Abschnitten? Bereits durchgeführte oder im Bau befindliche Anlagen werden in den nächsten Abschnitten aufgezeigt und auf deren Umsetzung hin überprüft.

---

45 Siehe Kapitel Warscapes, Entstehung des Mythos
46 Dieser Eindruck ist durch diverse Interviews entstanden, u.a. mit Urs Ehrbar, Präsident des „Festungsgürtel Kreuzlingen" und Autor von Fachbeiträgen zur Alpenfestung

4.4 Bunkerland

Vielfalt des Bunkerlands

Grundlage der Auswahl stellen in erster Linie die Dokumente „Militärische Denkmäler der Schweiz", geordnet nach Kantonen, dar. Desweiteren wurden Befragungen zu Fachplanern und Begehungen vor Ort durchgeführt und mit einbezogen. In der Schweiz finden sich verschiedenste landschaftliche und städtebauliche Situationen, die sich nicht nur in ihrer Umsetzung und Einbindung, sondern auch in ihrem strategischen Nutzen unterscheiden.

Bunkerland Schweiz

Auf den folgenden Seiten befindet sich eine Zusammenstellung zu ausgewählten Bunkern und Festungen, die die Besonderheiten der militärischen Landschaft in der Schweiz darstellen. Der Begriff „Bunkerland" wurde aufgrund der enorm hohen Quantität an Objekten gewählt[47]. Ein Land mit dem Klischee für Frieden, Natur und Ruhe steht daher in einem Identitätskontrast zwischen romantischer Idylle[48] und militärischer Bewaffnung.

---

47 Die Schweiz besitzt eine Fläche von 41285 km², bei geschätzten 20.000 - 35.000 Objekten gibt es 1,2 - 2 Anlagen pro km²

48 Gavranic, C., (2010). Paradies Schweiz/Paradise Switzerland.

52

53

Réduit nationale . Bunkerland

Jean Odermatt - Himmelsland

Jean Odermatt fotografiert den Gotthard, die Region der ersten Festungsanlage, die zu Beginn des Reduits errichtet wurde. Für die ist es Schweiz ein mystischer Ort, für alle die jemals dort hindurch reisten, wie Cäsar oder Goethe, ein Ort der Gefahr und der Allmacht.

Die Festung als Teil unberührter Landschaft?

Odermatts Ziel ist kein sichtbares und greifbares, in sich abgeschlossenes Kunstwerk „über den Gotthard"[49]. Vielmehr beschreibt er ein umfassendes Erkenntnisverfahren, das Subjektives und Objektives, Mensch und Landschaft, Kultur und Natur zusammenführt und die Berührungspunkte durch künstlerische Formen darstellt und kommuniziert. Mittendrin finden sich die Festungswerke der Armee, sie stören nicht, denn sie sind Teil der Geschichte und der landschaftlichen Prägung. Wenn ein Künstler dies heute so sieht, in welchem Gegensatz steht dies zu den Soldaten die zwischen 1939 - 1945 dort über Monate ausharrten? Dieser Kontrast zwischen landschaftlicher Ästhetik und der Härte des Bunkerkriegs kommt wohl kaum einem anderen Ort so zum Vorschein wie auf dem Gotthard. Vielleicht entstanden an diesem Ort daher die interessantesten Projekte zur Nachnutzung.

---

49   KulturSPIEGEL 8/1997 - Jenseits von Heidi-Land

55
56

57
58

59
60

61

74

Réduit nationale . Bunkerland

La Claustra

Wie auf der vorherigen Seite beschrieben, ist der Gotthardpass mit seinen Anlagen von künstlerischer Seite bisher am Stärksten dokumentiert und interpretiert worden. Der Künstler Jean Odermatt beschäftigt sich seit mehr als 20 Jahren mit diesem Gebiet und hat dort verschiedene Ideen und Entwürfe zur Region vorgelegt.

Der Bunker als Ort der Ruhe

Ein einzelnes dieser Projekte ist das Hotel- und Seminarzentrum LA CLAUSTRA in einer ehemaligen Réduit-Festung. Ziel dieser Anlage ist es einen Ort der Ruhe im Herzen der Schweizer Alpen zu erschaffen. Der Bezug zum Erhalt des Réduit als Denkmal ist hier größtenteils verloren gegangen, bzw. neu interpretiert worden. Die Entstehung von LA CLAUSTRA hat in der Region etwas bewegt und ausgelöst. Der Prozess der Erneuerung geht weiter. Projekte wie der Umbau der Anlage Sasso da Pigna weisen darauf hin, dass der Gotthard nicht mehr nur als Scheidepunkt, sondern auch als Nahtstelle verstanden wird[50].

62

50 Vgl. „La Claustra - Idee und Philosophie" (J. Odermatt)

**Über den Wolken.
In der Tiefe des Berges.
An der Quelle der Flüsse.**

LA CLAUSTRA - das Seminar- und Erlebnishotel auf über 2'050 m.ü.M., mitten in den Schweizer Alpen, im Herzen des San Gottardo-Gebietes. Weltweit einzigartig in seiner Art.

> LA CLAVSTRA

63 64

65 66

76

67

Réduit nationale . Bunkerland

Sasso san Gottardo

Vergangenheit & Zukunft

Das Projekt SASSO SAN GOTTHARDO[51] ist als Themenwelt am Gotthard konzipiert, es befindet sich im Gegenwerk zu LA CLAUSTRA und möchte einem breiten Publikum zugänglich sein. Der Gegensatz zwischen der Vergangenheit der Räumlichkeiten und der Zukunft unserer Ressourcen wurde in dem Gestaltungskonzept zusammengeführt. Die Themenwelt richtet sich nach den vier Elementen und den uns in der Zukunft zur Verfügung stehenden Ressourcen. Sie zeigt den Umgang mit ihnen und deren natürlichen Grenzen auf. Somit wird ein aktuelles Thema aufgegriffen und in ein nachhaltiges Konzept eingebunden. Die Initiatoren rechnen mit jährlich rund 35.000 Besuchern in der Sommersaison von Pfingsten bis Ende Oktober.

---

51 Mehr Information unter http://www.sasso-sangotthardo.ch/

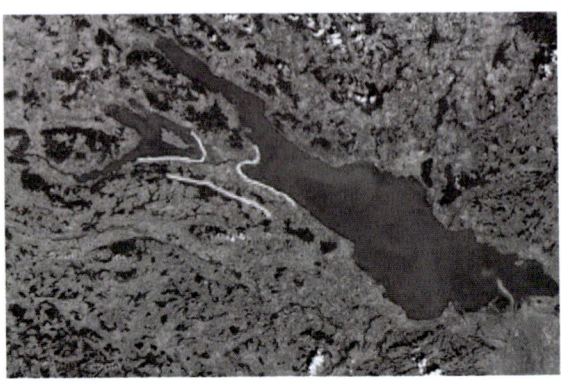

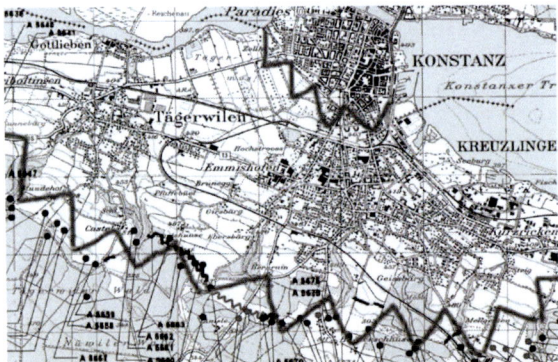

69 Oben links: Modell des Festungsgürtels „Schaarenwald"

70 Oben rechts: Lage und Position des Festungsgürtels Kreuzlingen

71 Links: Die Hauptlinien des Festungsgürtel sind in zweireihig angelegt, während des Kalten Kriegs und der Zunahme von Waffenreichweite kam noch ein dritter Gürtel hinzu. Die gezackte Linie stellt die barocke Festungsanlage dar.

72 Unten: Fotomontage zur topographischen Lage (Quelle: Lukas Schmid, Bunkerwelten)

Festungsgürtel Kreuzlingen

Strategisches Nadelöhr

Die Rheinbrücken bei Konstanz lagen in deutschem Besitz und stellten somit eine große Gefahr zur Invasion durch deutsche Truppen dar. Da es keine Möglichkeit gab einfallende Truppen im Häuserkampf zu bezwingen, musste in die Wälder um Kreuzlingen ausgewichen werden. Hier finden sich im Nahbereich jedoch viele tote Winkel, so dass die Hauptlinie der Bunker auf die Plateaukante des Seerückens zurückgenommen wurde[52]. Analogien des Festungsprinzips durch Vauban[53], wie in der Einleitung erwähnt, sind erkennbar.

Verwaltung des Festungsgürtels

Der Festungsgürtel Kreuzlingen zeigt sich als interessantes landschaftliches Beispiel wie sich Bunkerlandschaft in seiner authentischen Form zeigt, alles sehend und gut versteckt. Ehrenamtliche Mitglieder des Festungsvereins Kreuzlingen[54] geben freie Führungen und verwalten ein umfangreiches Dokumentenarchiv. Alle Helfer und Helferinnen stehen in emotional engem Kontakt zu diesen Anlagen und haben meist dort gedient. Von einem professionellen Umgang mit den Anlagen kann jedoch nicht gesprochen werden.

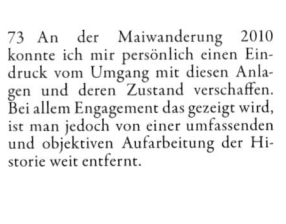

52 Keller, S., Lovisa, M., & Geiger, P. (1995). Inventar der Kampf- und Führungsbauten, Militärische Denkmäler der Kantone (17 Berichte). Bern: Eidg. Department für Verteidigung, Bevölkerungsschutz und Sport, armasuisse, Bereich Bauten.
53 Vgl. Kapitel Forts & Festungen
54 Mehr Information unter: http://www.festungsguertel.ch/

73 An der Maiwanderung 2010 konnte ich mir persönlich einen Eindruck vom Umgang mit diesen Anlagen und deren Zustand verschaffen. Bei allem Engagement das gezeigt wird, ist man jedoch von einer umfassenden und objektiven Aufarbeitung der Historie weit entfernt.

4.5 Kritische Betrachtung

Aus den im Vorfeld gewonnen Erkenntnissen können Schlüsse gezogen werden, wie der Umgang mit unserer Vergangenheit aussehen kann. Es bietet die Möglichkeit daraus lernen, wie in der Zukunft weiter damit umgegangen werden kann und welches Potential zur Weiterentwicklung vorhanden ist.

Das seitens der Bevölkerung Interesse besteht dieses historische Gut zu erhalten und zu schützen, kann durch bereits realisierte Projekte festgestellt werden. Dabei ist jedoch aufgefallen, dass es sich bei dieser Form von Denkmalschutz weniger um die Erhaltung gesellschaftlich wertvoller Objekte handelt. Es besteht vielmehr ein Interesse an der Erhaltung regional-sentimentaler Werte durch persönlichen Bezug, wie im Beispiel *Festungsgürtel Kreuzlingen*. Anderweitig steht ökonomisches Interesse im Vordergrund, welches die Bunker als ästhetisch wertvoll vermarktet, wie im Beispiel *La Claustra*.

Interpretation der bisherigen Nachnutzung

Wie wir an den Beispielen sehen, ist die Vielfalt der Anlagen sehr gross. Der Nachteil bisher eingerichteter Museen ist die unprofessionelle Aufarbeitung der Vergangenheit und eine Trennung zwischen Objektivität und Subjektivität fehlt. Projekte, wie die Umnutzungen am Gotthardpass hingegen, zeigen eine klare Trennung zwischen musealer Erhaltung und neu entstandenem Projekt. Dies erfolgt auch relativ unproblematisch, da es sich inhaltlich um voneinander klar trennbare Themen handelt. Eine korrekte, eindeutige Position zum Umgang mit den Anlagen zu beziehen ist daher schwer, vielleicht auch noch zu früh. Solange die starke emotionale Bindung der Aktivdienstgeneration vorhanden ist, wird diese Entscheidung schwer zu treffen sein, da eine stark einseitige Betrachtung vorliegt.

74

Réduit nationale . Kritische Betrachtung

Einzigartig durch
Unsichtbarkeit

Nach Aufarbeitung vorangegangener Themen stellt sich die Frage nach dem Mehrwert, das Geheimnis dieser Werke, ihre „Unsichtbarkeit" zu zerstören? Müssen Sie öffentlich erschlossen werden um an Bedeutung zu gewinnen? Sind die Anlagen nicht gerade eine Besonderheit aufgrund dieser Eigenschaft der Unsichtbarkeit?

Um eine Antwort geben zu können, werden die architektonischen Umnutzungen in Frage gestellt und die Einzigartigkeit der militärischen Landschaft in der Schweiz betrachtet. Topografie, Blickbeziehungen und die latente Präsenz in der Landschaft muss analysiert, charakterisiert und interpretiert werden. Das Kapitel AUSSICHT - EINSICHT greift dieses Thema in einer vielseitigen Weise auf.

75

81

5. Ausblicke - Einblicke

Ausblicke - Einblicke . Art der Sichtweise

5.1 Art der Sichtweise

Bedeutung von Ausblicken und Einblicken

Nachdem dem weiträumigen Einblick in die Festung Europa und das Reduit nationale in der Schweiz, wurden die gewonnenen Erkenntnisse und Eindrücke genauer betrachten. In AUSBLICKE - EINBLICKE soll der Blick von den Bunkern aus, aber auch ein Einblick in die Bunker, gezeigt werden. Es ist jedoch möglich, den Titel auf eine zweite Weise zu deuten, dass ein Ausblick in die Zukunft und ein Einblick in die Vergangenheit stattfindet.

Reflektion der Bunkerlandschaft

Ziel der Studie und dieses Kapitels ist eine abstrakte Reflektion und Interpretation der gefundenen Aspekte und deren Zusammenhang mit der Bunkerlandschaft. Die vorherigen Kapitel dienen zum Vergleich und zeigen bisherige Umgangsformen mit Festungsanlagen und der militärischen Landschaft. Die folgenden Seiten zeigen eine subjektive, nicht greifbare Sicht auf eine Bunkerlandschaft. Diese Sicht soll die Einzigartigkeit des *Reduit nationale* aufzeigen und die Blickbeziehungen auf, zwischen und von den betrachteten Standorten charakterisieren und interpretieren.

76 Links: Abbildung nach Christian Schwager, *Falsche Chalets* (2008)

77 Idyllische Landschaft im Glarnerland. Wie auf der Abbildung zu sehen, besteht diese Alpensiedlung zu über der Hälfte aus militärischen Anlagen, die über ein Tunnelsystem miteinander verbunden sind.

5.2 Zwischen Festung und Klischee

Die Schweiz als Friedenslandschaft

Wo es Kriegslandschaften gibt, muss es auch Friedenslandschaften geben. Wo sind diese komplementären Zeichen der Kriegslandschaft und wie sehen diese aus? Können diese Landschaften zusammen denselben Raum einnehmen oder sind sie in ihrem Ausdruck zu intensiv für eine Koexistenz? Nach Beendigung des Krieges und Auflösung des Armeebestands in der Schweiz sind die Reste dieser Anlagen weiterhin sichtbar. Ein Rückbau ist nicht in Sicht, daher ist die Frage ob eine so stark durch Krieg, bzw. Militär geprägte Landschaft wieder als Friedenslandschaft gesehen werden kann?

Militärische Anlagen integrieren sich in der Landschaft

Der Vergleich der Landschaftswahrnehmung im Krieg aus dem Kapitel WARSCAPES wird wieder aufgegriffen. Wenn Kriegslandschaft nur für den Betrachter mit dem Wissen um die militärischen Anlagen vorhanden ist, dann ist Gegenzug davon auszugehen, dass andere diese nicht wahrnehmen. Der Tankgraben von Näfels ist ein gutes Beispiel zur Darstellung. Für alle Ortsansässigen ist er eines der auffälligsten Relikte mit ubiquitärer Erinnerung an den zweiten Weltkrieg. Er ist aber auch ein Zeichen des Widerstands gegen das dritte Reich und den Zusammenhalt der Eidgenossenschaft[55]. Für Fremde ist diese Tanksperre nicht als solches erkennbar[56]. Hier zeigt sich das Land also von zwei Seiten, der des Informierten und der des Uninformierten. Der Ausdruck einer Landschaft hängt also vom Vorwissen eines Benutzers ab. So kann Landschaft gleichzeitig Friedens- als auch Kriegslandschaft sein. Objekte die jedoch sofort als militärisch zu erkennen sind, werden aber nicht von der Landschaft „geschluckt" wie dieser Tankgraben. Der durch seine Optik, auch viele andere Zwecke erfüllt haben könnte.

---

55 Mehrere Interviewpartner in Näfels im April 2010
56 Mehrere Interviewpartner die in der Region Näfels, die als Touristen unterwegs waren

PARADIES
MUSEUM
FÜR
GESTALTUNG
ZÜRICH
17.3. – 25.7.2010
Schweiz

Ausblicke · Einblicke . Zwischen Festung und Klischee

Zwei ausdrucksstarke Landschaftsbilder treffen aufeinander.

78 Wie die Schweiz sich (gerne) selbst sieht. In: *Paradies Schweiz* (2010)

79 Die Interpretation der Schweiz nach Gerhard Glück. In: *Innere Sicherheit* (2006)

89

80

81

Ausblicke - Einblicke . Zwischen Festung und Klischee

Parallele Charaktere

Ist die Verteidigung eines Paradieses nötig?

Die Koexistenz dieser Landschaften funktioniert, dank einer aufwendigen Tarnung, fast perfekt. Dieser Eindruck ist rein subjektiv und nicht belegbar. Die auf dieser Seite gezeigten Beispiele verkörpern das Klischee Schweiz kompromisslos, selbst die überall vorhandenen Anlagen können dieses Bild nicht schmälern. Da wir hier keinen negativen Einfluss der militärischen Landschaft spüren, ist eine Umsetzung und Erhaltung in der Landschaft durchaus möglich. *Es kann das Image des Paradieses[57] sogar stützen, indem es zeigt, dass Verteidigung nicht benötigt wird.* Dies würde gelingen, wenn die Anlagen nicht Instand gehalten und gepflegt würden. Der Verfall durch Zeit wäre der bedeutendste Beweis für die friedliche Landschaft, die keinen Krieg für sich verlangt. Die Instandhaltung jedoch suggeriert die weiterhin bestehende Einsatzbereitschaft der Schweiz zu militärischen Auseinandersetzungen.

---

57   Siehe Bild vorheriger Seite

82

5.3 Semantik der Kriegslandschaft

Der Ausdruck von Landschaft beruht auf der Aussage von gesellschaftlicher Symbolik, Zeichen und Kodes. In vorherigen Kapiteln wurde behauptet, dass die Unterscheidung zwischen dem Wissenden [dem Soldat] und dem Unwissenden [dem Zivilist] liegt. Nun muss diese sehr strenge Unterscheidung noch weiter differenziert werden. Der Soldat sieht diese Kodes nicht immer auf gleiche Weise, in militärischer Landschaft ist diese Symbolik zeitlich eng begrenzt. Mit Sicherheit ist eine zeitliche Begrenzung in jedem Landschaftstyp vorhanden, nur die Geschwindigkeit dieses Wechsels ist in militärischer Sichtweise stark erhöht und kann unter Umständen auch rückläufig wechseln. Die zwei Landschaftstypen Friedens- und Kriegslandschaft liegen hier sehr eng aneinander.

Bedeutung von Ausblicken und Einblicken

Eine Konzeption dieser Unterteilung findet man in den Schriften Kurt Lewins KAPITEL DER PHÄNOMENOLOGIE DER LANDSCHAFT (1917). Erlebte Landschaft ändert sich demnach jeweils mit den Bedingungen, die sich im ständigen Wechsel befinden. Seine Erfahrung beruht auf seinen Erlebnissen im Ersten Weltkrieg, an dem er als Frontsoldat teilgenommen hat. Sein ästhetischer Blick auf die Landschaft konnte auf Dauer nicht der Kriegslandschaft gerecht werden, im Gegensatz konnte man sie auch nicht als weniger real als die Friedenslandschaft bezeichnen. Dieser Gegensatz zwischen Kriegs- und Friedenslandschaft steht, als zwei Landschaftsmöglichkeiten, in ein und demselben Gebiet nebeneinander.

Die Vorstellung, dass sich Friedenslandschaft *„nach allen Seiten hin ins unendliche"* erstreckt und *„rund, ohne vorne und hinten"* ist, steht die Kriegslandschaft mit ihren Grenzen gegenüber. Kriegslandschaft stellt sich demnach als eine Gegend mit *„vorne und hinten, das nicht auf den Marschierenden bezogen ist, sondern der Gegend fest zukommt"* dar. Es handelt sich auch nicht *„um das Bewusstsein der nach vorn wachsenden Gefährdung und der schliesslichen Unzugänglichkeit, sondern um eine Veränderung der Landschaft selbst"*[58].

Ausdehnung der Landschaft

---

58 Zitate aus Lewin, K. (1917). Kriegslandschaft. In J. Dünne, & S. Günzel, Raumtheorie, Grundlagentexte aus Philosophie und Kulturwissenschaften (S. 129 ff). Frankfurt/Main: Suhrkamp.

Ausblicke - Einblicke . Semantik der Kriegslandschaft

Die Landschaftsbeschreibung im Krieg verliert typische Bezeichnungen und Vorstellungen wie sie in Friedenszeiten herrschen. Kurt Lewin beschreibt Kriegslandschaft als Zusammensetzung von Zonen.

Landschaftswandel

Die ganze Zone setzt sich zusammen aus guten oder schlechten, ausgebauten oder natürlichen Artillerie- und Infanteriestellungen [...] aus guten oder schlechten Anmarschwegen [...] Auch die relativ großen, nicht durch Gräben zerstückelten Flächen, die man an und für sich sehr wohl als Feld oder Wald bezeichnen könnte, sind nicht Felder oder Wälder im Sinne der gewöhnlichen Friedenslandschaft; ebenso wenig behalten die Dörfer den ihnen sonst zukommenden Charakter. Sondern alle diese Dinge sind reine Gefechtsdinge geworden."

Lewin, K. (1917). Kriegslandschaft. S. 132

Grenzlandschaften

Nicht Geologie, Flora oder Fauna bestimmen die Eigenart von Gegenden, sondern die Qualität der Deckung, die Einsichtigkeit für den Feind, die Nähe zum ersten Graben, etc. Wo in Friedenszeiten ein Stück Wald in seiner Ausdehnung die Gestalt bestimmend war, so betrachtet man in Kriegszeiten dieses Stück Wald mehr nach seiner Dichte und nach seiner Schutzmöglichkeit. Lewin definiert diese Landschaft als Grenzlandschaft, ortsunabhängig und dynamisch, an fixen Orten definiert er diese Grenzlandschaft als Gefahrenzone. Sie nehmen mit abnehmender Distanz zum Zentrum hin an Intensität zu. Diese Zentren bilden sich erst beim Beziehen neuer Stellungen und *„erreichen selten die gleiche Festigkeit wie im Stellungskriege"*. Wenn sich im Anschluss die Front aber wieder verlagert hat, dann tritt an die Stelle der zerstörten Gefechtsgebilde wieder die Friedenslandschaft zurück.

94

Die ganze Zone setzt sich zusammen aus guten oder schlechten, ausgebauten oder natürlichen Artillerie- und Infanteriestellungen [...] aus guten oder schlechten Anmarschwegen [...] Auch die relativ großen, nicht durch Gräben zerstückelten Flächen, die man an und für sich sehr wohl als Feld oder Wald bezeichnen könnte, sind nicht Felder oder Wälder im Sinne der gewöhnlichen Friedenslandschaft; ebenso wenig behalten die Dörfer den ihnen sonst zukommenden Charakter. Sondern alle diese Dinge sind reine Gefechtsdinge geworden."

Lewin, K. (1917). Kriegslandschaft. S. 132

83 Links zu sehen, Bilder aus einem Simulator für strategische Übungen.

Die aus diesem Fortschreiten resultierende Anonymität hat weitere Folgen für das Verständnis des Krieges gebracht. Dazu wird Bezug auf Virilio genommen, der über die zunehmende Geschwindigkeit des Krieges und der Gesellschaft schreibt. Er behauptet, dass durch den zunehmenden Verlust der regionalen Identität und auch der Begriff des Nachbarn neu definiert werden muss[59]. Diese Unkenntnis über den Feind eröffnet das Feld für propagandistische Mittel, den Feind weiter zu verfremden. Die zunehmende Distanz zum Fremden, obwohl oftmals europäischer Nachbar, fördert die Pauschalisierung des Fremden als Feind. Die Kraft, im Fremden Unterschiede zu erkennen, geht verloren. Es reduziert sich auf „eine Welt von Feinden"[60]. Dieser Effekt wird durch die vorhin angesprochene Unsichtbarkeit des Feindes im Graben-, Partisanen- und eben Bunkerkrieg verstärkt.

<small>Geschwindigkeit des Krieges</small>

In dieser Ausführung wird deutlich, dass aus dem Krieg ein Kampf gegen einen unsichtbaren Feind geworden ist. Die Landschaft wird zum Feind. Der in früheren Kriegen noch deutlich erkennbare Feind wird zur unsichtbaren Front. An der Ostfront hingegen wurde, aufgrund von kulturellem Mangel, aus dem Land der Feinde regelrecht „Feindesland"[61]. Das Land selbst wurde als feindlich charakterisiert. Weiterhin wird Landschaft zunehmend militärtaktisch funktionalisiert. Es gleicht sich durch aktive Umgestaltung und Eingriffe immer mehr einer einheitlichen Kriegslandschaft, wie der des einheitlichen Feindbildes, an. Die Differenzierung einzelner Landschaften in ihrer Individualität geht verloren und macht einer einheitlichen Klassifizierung Platz.

<small>Landschaft als Feind</small>

---

59 Vgl. Virilio, P. (1988). Die Sehmaschine. Berlin: Merve Verlag.
60 Heymel, C. (2004). Wie sieht man das Land an! In C. Berkemeier, K. Callsen, & I. Probst, Begegnung und Verhandlung (S. 69-84). Münster: LIT Verlag.
61 Keller, J. (1917). Zweimal in Kriegsland hinein.

Ausblicke - Einblicke . Semantik der Kriegslandschaft

Semantik der Kriegslandschaft

Landschaften werden durch diese Symbolisierung auf einen Archetyp Landschaft reduziert. Die Charakterbildung einer Landschaft entsteht aus den verschiedenen Konstellationen symbolischer Landschaftstypen. Sie reduziert sich auf einen streng kontrollierbaren und einstudierbaren Ablauf für verschiedene Gefechtssituationen. Am Beispiel des Landschaftsgenerators sieht man die Reduktion sehr deutlich, es reduziert sich auf strategische Elemente wie Wasser, Topographie und Bäume.

85 Caspar David Friedrich, *Der Abend* (um 1821)

Ausblicke - Einblicke . Semantik der Kriegslandschaft

Verlust der Atmosphäre

Die Bilder zeigen zwei Situationen, die auf den ersten Blick scheinbar völlig unterschiedlich sind. Jedoch zeigt das Bild der rechten Seite die abstrakte Version der Landschaftsmalerei Caspar David Friedrich's. Allein die Reduktion der dargestellten landschaftlichen Objekte, auf die Darstellungsweise eines Militärsimulators, löst jeglichen direkten Bezug zur Natur auf. Dieses Verständnis zur Landschaftsbeurteilung zwischen dem Zivilisten und dem Soldaten wird so überspitzt visualisiert.

86 Eigene Grafik, *Der Abend nach Caspar David Friedrich im Militärsimulator* (2010)

87 Caspar David Friedrich, *Das Große Gehege bei Dresden* (um 1832)

Bildtiefe und Zeit

Wie auf der vorherigen Seite und hier zu sehen ist, geht nicht nur Information im Bereich der gezeigten Objekte verloren. Nicht nur Details der Belaubung oder des Terrains werden vernachlässigt, sondern alle sich verändernden Faktoren werden aus der Visualisierung gestrichen. Wetter ist nicht sichtbar, die Tageszeit nicht ablesbar und auch alle zeitlichen Faktoren werden entfernt. Militärische Landschaft ist eine charakterlose, zeitlose Landschaft, die in ihrer Gestalt nur den Horizont und die vor ihm befindlichen Deckungen kennt.

88 Eigene Grafik, *Das Große Gehege bei Dresden im Militärsimulator* (2010)

5.4 Guckkasten zur Realität

Der Bunker setzt den Guckkasten des 18. Jahrhunderts in ein neues Verhältnis zur Landschaft. Die Entwicklungen der im 17. und 18. Jahrhundert entwickelten technischen Instrumente ermöglichen die „Entdeckung der Modernen Wirklichkeit"[62]. Dies hatte zur Folge, dass ein Blick auf die Natur in einer Detailtreue möglich wurde, wie nie zuvor gekannt. Der menschliche Sehsinn wurde auf einer neuen Ebene geöffnet, gesteigert und verstärkt. Die Vergrößerung der Details hat aber auch die Wirkung der Gesamtheit vernachlässigt, je stärker die Vergrößerung wurde, desto mehr ging der Zusammenhang verloren. Bekannte Oberflächen setzen sich plötzlich aus vielen Einzelobjekten zusammen, aus Haut werden Zellen und aus Farbe werden Pigmente. Eine Verzerrung der Wahrnehmung ist somit unausweichlich. Im 17. Jahrhundert wurde der Guckkasten erfunden, er hat in gewisser Weise den Gegensatz zum Mikroskop dargestellt. Seine Wirkung ist die Verkleinerung verschiedenster Landschaften, ob Stadt- oder Naturlandschaft, und den Transfer in eine Modelbox.

Entdeckung der modernen Wirklichkeit

---

62 Kosenina, 2006, Das bewaffnete Auge, metaphorik.de

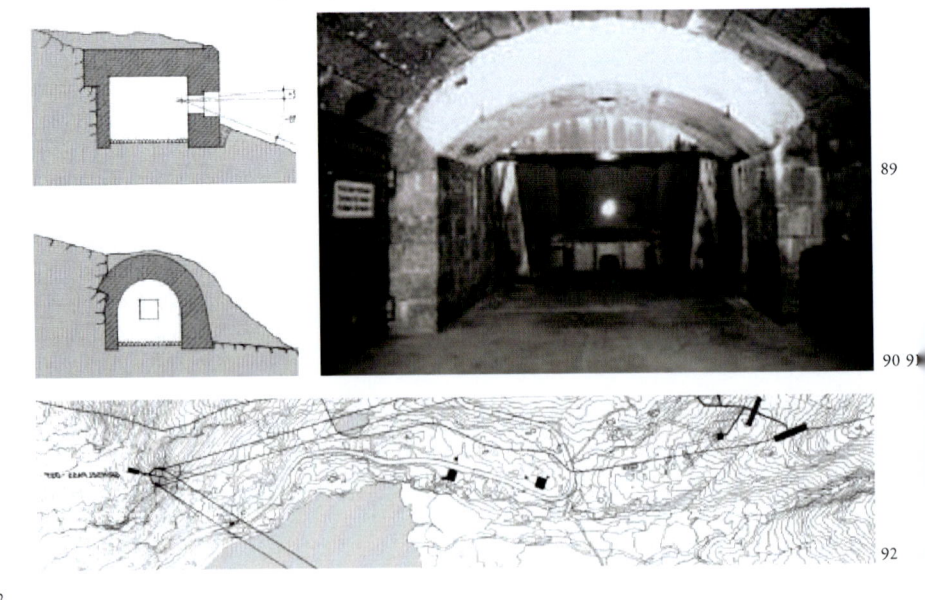

Ausblicke - Einblicke . Guckkasten zur Realität

Der Guckkasten als „Fern-Seher" exotischer Szenarios

Inhalt des Kastens waren Zeichnungen und Kulissen die hintereinander aufgereiht, also auf verschiedenen Sichtebenen, angebracht wurden. Der Effekt war die dreidimensionale Wirkung und konnte in späteren Apparaten dadurch verstärkt werden, dass diese Ebenen beweglich waren und das Bild „lebendiger" wurde. Die in der Malerei diskutierte Wirkung des Rahmens auf ein Bild, ob dieser Teil des Kunstwerks ist oder nicht, hat hier einen direkten Einfluss auf das Kunstwerk[63], indem mit entsprechender indirekter Illumination die Szenerie verstärkt werden oder auch verändert werden konnte.

---

63 Nekes, W. (2002). Ich sehe was, was du nicht siehst - Sehmaschinen und Bilderwelten.

Die auftretende Erscheinung dabei war, dass weiterhin eine starre und eingeschränkte, bzw. gerahmte Perspektive vorgegeben wurd, um eine Situation darstellen zu können. Die Lösung für dieses Problem ist, dass die Darstellung selbst modifiziert werden musste (wie in der Landschaftsmalerei). Die typischen Eigenschaften sind detailliert ausgearbeitet worden und der Gesamteindruck durch wiederkehrende Objekte verstärkt[64]. Ein Bild wurde so für die Realität „zu voll", aber ausdrucksstärker in seinem Charakter und es konnten mehr Eigenarten der Darstellung untergebracht werden. Im Gegenzug stellt sich die Frage, wie ein Landschaftsbild wirkt, wenn diese Füllung nicht stattfindet. Beim Ausbleiben dieser künstlerischen Interpretation stellt sich die Frage nach der entstehenden Wirkung. Wenn der Bunker nun als Guckkasten zur Realität dient, werden alle äußeren Faktoren ausgeblendet und es bleibt nur der gerahmte Blick zur Landschaft. Im Vergleich zu Beispielen der Landschaftsmalerei oder des Guckkastens finden wir ein authentisches und reales Bild der Landschaft.

<small>Täuschung in der Landschaftsdarstellung</small>

Der Bunker stellt so den gerahmten Blick auf Details dar, wie das Mikroskop vor ihm, blendet dabei aber auch alles umgebende aus. Er wird zu einer Art „Apparat zur realen Landschaftsbetrachtung". Ein technisches Mittel, um Landschaften nicht mehr in der gewohnten Perspektive mit Horizont zu erleben, sondern um sich auf einen mal mehr, mal weniger komplexen Landschaftsabschnitt zu konzentrieren.

<small>Der Bunker als Sehmaschine</small>

---

64 Comment, B. (1999). Das Panorama. London: Reaktion Books Ltd.

94

Ausblicke - Einblicke . Guckkasten zur Realität

Typologie des Bunkerblicks

Ein funktional gerichteter Blick, jedoch seiner Funktion enthoben. Ursprünglich war es ein Blick in die Ferne, alle Objekte in kurzer Distanz spielten keine, oder nur eine untergeordnete Rolle. Das gerichtete Ziel im Blick ist eine besondere topografische Situation, eine bauliche Anlage oder ein strategisch wichtiger Landschaftsabschnitt der permanent zu überprüfen ist. Es entsteht konstantes Bild realer Landschaft im Wandel der Zeit. Somit sehen wir den Bunker als Instrument zum Wahrnehmen und Sehen realer Landschaftsbilder.

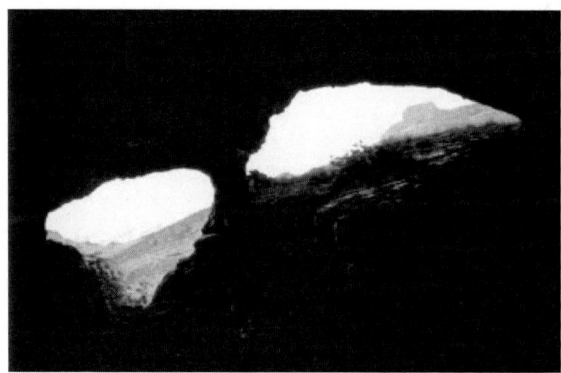

95

Verschiedene Ausblicke aus Verteidigungsanlagen die, ähnlich der Betrachtung eines Guckkastens, sich auf wesentliche Elemente der Landschaft, bzw. der Umgebung, konzentrieren. Verschiedenste Formen der Sichtfenster beeinflussen direkt die Art der Landschaftswahrnehmung.

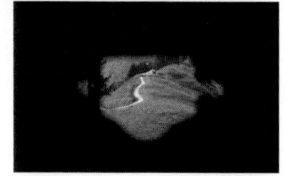

96

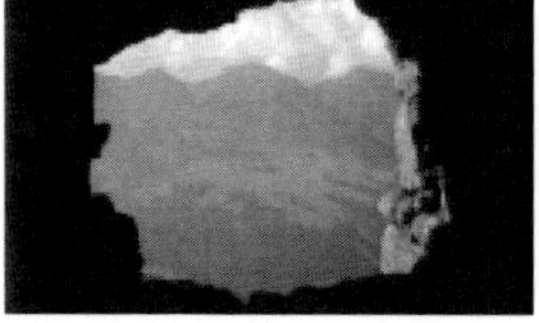

97   98

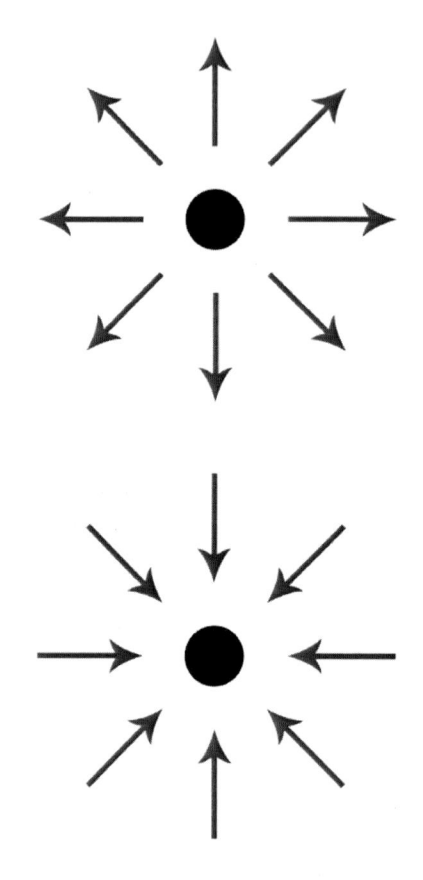

99 Diagramm des zentralisierten Blicks,

100 Umberto Boccioni's „Io-Noi-Boccioni"

101 Marcel Duchamp's „Marcel Duchamp autor d'une table"

5.5 Multiperspektivität der Landschaft

Einfluss der zentralen Perspektive

Die ungewöhnliche Wahrnehmung der Landschaft steht im Vordergrund dieser Analyse. Wie die Bunker die Landschaft rahmen und der Guckkasteneffekt eine Distanz der Betrachtung erzeugt, so stehen sie untereinander in einem komplexen Zusammenhang der ein neues Bild erschließt. Sie betrachten die Landschaft aus einer Multiperspektivität, einer zeitgleichen, aber örtlich getrennten Perspektive. Eine Konzentration der Blicke auf das Zentrum, steht dem zerstreuten Blick des Zentrums auf die Umgebung gegenüber[65].

Die Entstehung der Mulitperspektivität

Geschichtlich gibt es eine lange Tradition der Multiperspektivität, die kurz erläutert werden soll. Die erste fotografische Aufnahme entstand 1859 durch Francois Willème, der dies zur Erstellung einer realgetreuen Skulptur verwendete. In der Bildhauerei konnte vorher nie eine realistische Figur erstellt werden, da die Zeit in jeder Form als Modifikator[66], in Ausdrucksweise oder Bewegung der Figur, diese Realität beeinflusst hat[67]. Die hier bemerkenswerte Feststellung ist, dass die multiplizierte Perspektive, die Differenzierung zwischen Wichtigem (Vordergrund) und Unwichtigem (Hintergrund) aufhebt, da sich die sonst übliche, hierarchisch Perspektive des Blicks aufzulösen scheint. Gunnar Schmidt spricht in diesem Zusammenhang auch von einem *„Verlust der Seele?"* [68]. Höhepunkt der künstlerischen Auseinandersetzung wurde mit den Werken Umberto Boccionis „Io-Noi-Boccioni" und Marcel Duchamps „Marcel Duchamp autor d'une table" erreicht[69].

In allen betrachteten Werken liegen bestimmte Blickformationen vor, die aber immer auf unterschiedliche Weise interpretiert werden können. „Aus dem Doppel von Übereinstimmung und Differenz entspringt das Problem der historischen Interpretation.[70]" Schmidt stellt die Frage, ob Multiperspektivitismus dieser Darstellungsform nun als Dispositiv des 19. Jahrhunderts verstanden werden kann, oder soll? Dazu reduziert er die Aussage: „Der Raum schließt sich.

---

65 Siehe Abbildung 99
66 Abbildung einer drehenden Skulptur (Karin Sander) Einfügen
67 Paul Virilio, Die Sehmaschine, S. 73
68 Schmidt, G. (2009). Visualisierungen des Ereignisses. S. 124
69 Siehe Abbildungen 100 & 101
70 Schmidt, G. (2009). Visualisierungen des Ereignisses. S. 128

Kreis, Mittelpunkt. Im Zentrum: der Mensch. Das ist das Schema.[71]"

Als realisierte Projekte, die nicht nur der Kunst dienten, wurde Ende des 18. Jahrhunderts bis Anfang des 19. Jahrhunderts parallel das *Panoptikum* und das *Panorama* erfunden. Beide Formen gehen von einem zentralen Betrachtungspunkt aus, welcher alles Umliegende beobachten kann. Worin sich diese Konstruktion nun völlig von der des Guckkastens unterscheidet ist, dass der Rahmen gänzlich verschwindet. Der Fokus auf ein Objekt, bzw. eine Situation wird aufgelöst und der Betrachter darf selbst entscheiden wohin er sieht. Die Besonderheit ist, dass der Blick zwar frei, aber dennoch in der *Maschine* eingesperrt ist. Für die Betrachter eines Panoramas wurde diese Erfahrung, trotz dieser Einschränkung, dennoch eine beeindruckende Illusion der Realität.

Technische Weiterentwicklungen

Das Zusammenfügen von Guckkasten und Panorama wird also zur „panzentrischen Multiperspektive[72]", eine alles sehende und zur Mitte gerichtete Mehrfachsicht. Im Beispiel des Guckkasten bekommt der Betrachter einen fokussierten Blick auf ein Landschaftsausschnitt gegeben. Im Panorama steht er im Mittelpunkt einer Rundumsicht. In der panzentrischen Betrachtungsweise wird dieser Effekt jedoch umgekehrt und es entsteht ein einziger fokussierter Ort. Das Zentrum wird nun zum Objekt, allein durch die Gegebenheit im Fokus vieler zu sein. Bestand dieses Objekts ist die Schnittmenge der Blicke.

Panzentrische Perspektive

---

71 Schmidt, G. (2009). Visualisierungen des Ereignisses. S. 128
72 Schmidt, G. (2009). Visualisierungen des Ereignisses. S. 131

Ausblicke - Einblicke . Multiperspektivität der Landschaft

102

103

104

105

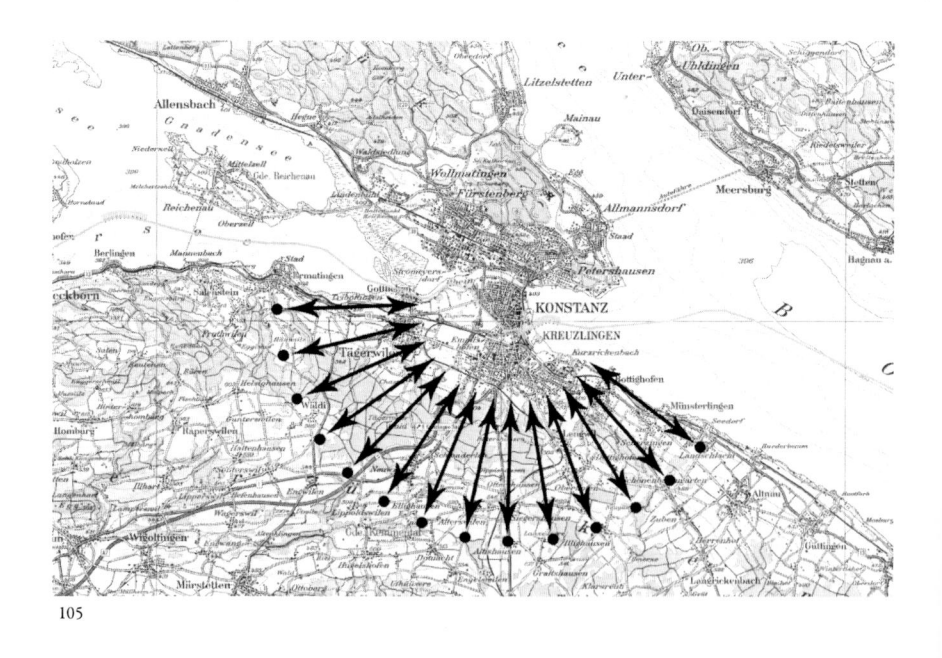

Multiperspektivität der Bunker

Verortung des Beispiels

Am Beispiel Kreuzlingen - Konstanz zeigt sich damit die Kontroverse aus der unsichtbaren Beobachtung der Bunker, gleichzeitig wird aber auch aus der unsichtbaren Beobachtung ein Zentrum, ein beobachteter Ort, kreiert. Dieser Ort liegt vor der Stadtgrenze Kreuzlingen/Konstanz, nicht sichtbar aber existent. Zum Einen präsent für die eidgenössischen Soldaten, da es der Fokus ihrer Aufmerksamkeit ist, mehr als ein anderer Punkt in der Landschaft.

Erschaffung eines Blick-Orts

Ein gemeinsam überwachtes und beobachtetes Stück Land, welches auch ohne die vorhandenen Kommunikationstechniken miteinander verbindet. Eine Verbindung die alleine auf der Beobachtung beruht und somit praktisch nicht existent zu sein scheint. Auf der anderen Seite finden wir die deutschen Soldaten, die sich dieser Situation freilich bewusst sind und diesen Ort meiden. Korrekterweise ist es kein Ort, es ist ein *Blick-Ort*[73]. Seine Existenz beruht auf dem bestehenden Gedankenkonstrukt der Beobachter. Ist demnach seine Existenz also mit dem Verlust des „beobachtet werdens" vergangen? Oder ist es gar ein dynamischer Ort wie ihn Lewin in seinen Berichten beschreibt, der beweglich ist und nicht klar *geortet* werden kann? Reicht die Ausrichtung der Bunker, die selbst nicht in der Lage sind zu sehen aus, um diesen Blick-Ort zu erhalten? Die Wanderung entlang des Seerückens mit Blick auf Konstanz hat gezeigt, dass dieser Ort spürbar ist. Auch wenn der Fokus nicht bestimmen werden kann, so ist die Blickachse ins Tal deutlich. Das Gedächtnis des Betrachters fügt die, beim Erleben dieser Landschaft, erst kürzlich erfahrenen Bilder zusammen und kreiert ein panzentrisches Bild der Landschaft mit dem Mittelpunkt des Blick-Orts.

Die Wahrnehmung ein und desselben Landschaftsbilds aus mehreren Perspektiven erzeugt ein vielseitigeres und vollständigeres Bild als aus nur einer Blickrichtung. Selbst wenn die Distanz zum Objekt konstant bleibt, so ergibt sich doch das Gefühl einer detaillierteren Anschauung und der Lage des Fokus auf dem Blick-Ort.

---

73 Die Definition Blick-Ort wird auf den Nicht-Ort zurückgeführt. Der Begriff Nicht-Ort bezeichnet einen Gedankenort, den man geografisch nicht klar bestimmen kann und nur durch sein Vorkommen in Gedanken existiert. Die Ursprünge beziehen sich auf den Anthropologen Marc Augé, wobei sich der Begriff des Nicht-Orts fest in der Sprache der Landschaftsarchitektur etabliert hat.

106 Eine Bildanalyse zur Multiperspektivität des Festungsgürtels bei Kreuzlingen. Die erwanderte Route führt entlang der äußeren Verteidigungslinie entlang des oberen Seerücken's und der Waldgrenze. Das Panorama steht im Kontrast zum panzentrischen Blick der Bunker.

Ausblicke - Einblicke . Multiperspektivität der Landschaft

D

E

F

C　　　　　　　D　　　　　　　E　　　　　　　F

6. Schlussbetrachtung

6.1 Erkenntnisse

Die Auseinandersetzung mit einer Thematik, die nicht zu klassischen Disziplin der Landschaftsarchitektur gehört, hat viele Unwägbarkeiten mit sich gebracht. Bekannte Inhalte der Landschaftsarchitektur, wie Denkmalpflege und Landschaftsbildbewertung, waren jedoch die benötigte Grundlage zur Aufarbeitung des Themas. Insgesamt war die Ausweitung in weiterführende Disziplinen nötig. Das Ziel, die militärische Landschaft der Schweiz zu analysieren und ihren Charakter darzustellen, wurde durch klare Ausführungen meiner Auffassung nach ausreichend dargelegt.

Landschaftsarchitektur lebt von interdisziplinärem Wissenstausch. Diese Art neue Erkenntnisse zu generieren ist ein wichtiger Motor von Neuentwicklungen. Denkmalpfleger und Militärs konzentrieren sich bisher überwiegend auf den Umgang mit dem Objekt, Landschaftsplaner werden im Regelfall nicht in die Überlegungen integriert. Die aus dieser Sicht externe Betrachtung des Themas *der militärischen Landschaft in der Schweiz* hat den Überlegungen zur Nachnutzung Vorteile gebracht.

Auch wenn die Ergebnisse dieser landschaftlichen Untersuchungen nicht konkret anwendbar sind, so behaupte ich trotzdem, dass sie als Grundlage in weiteren Planungen von Nutzen sein können. Beispielsweise hat das VBS bei der Inventarisierung der militärischen Denkmäler vor einigen Jahren übervorsichtig gehandelt und (zu?) viele Anlagen in den schützenswerten Bestand aufgenommen. Aller Voraussicht nach kann die Finanzierung dieses Bestands aber nicht dauerhaft aufrecht erhalten werden. Bei zukünftigen Beurteilungen zur Schutzwürdigkeit können die Ergebnisse dieser Studie zu Rate gezogen werden und landschaftliche Qualitäten können mit in den Kriterienkatalog einfließen. Die Beurteilung kann natürlich auch für ökonomische, ökologische, soziale oder künstlerische Nachnutzungskonzepte zu Rate gezogen werden. Dabei sollte bedacht werden, dass in Frage gestellt wurde, ob die latente Bunkerlandschaft überhaupt eine Nachnutzung, demnach eine Sichtbarkeit, verträgt. Es ist anzunehmen, dass der Charakter der Bunkerlandschaft darunter leidet.

6.2 Potentiale

Die abstrakte Analyse landschaftlicher Zusammenhänge offenbarte viele vorher unbekannte Szenarios. Die in der Einleitung gestellte Frage wurde in Kapitel 5 beantwortet. Von der Einzigartigkeit der Bunkerlandschaft Schweiz ist nach der Erforschung sehr spezieller Konstellationen auszugehen. Das Zusammenspiel des romantischen *Heidilands* mit dem *Bunkerlandschaft* birgt einen ungeahnten Reiz. Es erzeugt den Eindruck, dass es voneinander abhängig ist, um in seiner Aussage zu funktionieren. Allem Anschein nach liegt die Festung Sargans, einer der drei Eckpfeiler des Réduits, nicht zufällig in der „Ferienregion Heidiland".

Aber auch das Bild der Landschaft selbst kann sich, durch die Betrachtung aus Perspektive der Bunker, wandeln. Es bieten sich Blicke aus vorher unbekannten Situationen, die Landschaft bekommt eine zweite Bildebene, die sich dem Betrachter erschließen. Die Standorte der Anlagen und die Beziehung zur Landschaft liefern immer neue Bilder der Schweiz. Ob der Blick auf enge Täler oder auf große Ebenen fällt, durch die Bunker als Sehmaschinen ist er immer einzigartig. Seine konkrete Fokussierung der Einzelanlage ergänzt sich, bspw. am Festungsgürtel Kreuzlingen, zu einer mulitperspektivischen Landschaftsbetrachtung. Blickachsen überschneiden sich und kreieren Blick-Orte.

Die Bunkerlandschaft Schweiz wurde im Zeitraum von über 70 Jahren errichtet und wird auf eine noch unbestimmte Zeit das Bild der Schweiz prägen. Ihr massiver Ausbau in Fels und Boden ist auf Unzerstörbarkeit ausgelegt, diesem Anspruch wird sie aller Voraussicht nach noch lange gerecht. Hoffen wir, dass für ausgewählte Anlagen ein zufriedenstellender Umgang gefunden wird und ihr Charakter als Paradies und einzigartige Landschaft des Friedens erhalten bleibt.

6.3 Conclusion

Addressing a topic that doesn't belong to the classical discipline of landscape architecture, has brought many uncertainties with it. Known aspects of landscape architecture, such as conservation and landscape assessment, have proven to be a necessary basis for the work on this topic. It was also necessary to make further research in other disciplines. According to my opinion, the aim to analyse and characterize the Military Landscape of Switzerland has been fulfilled.

Landscape Architecture thrives on interdisciplinary exchange of knowledge. The possibility to generate this kind of new knowledge is a catalyst for new development. Conservation specialists and the Military traditionally focus on the handling of the specific singular object. Landscape planners are usually not included in the considerations of the Military Landscape. This possible external view of the conservation issue has its advantages when it comes to the question of re-use of the military facilities.

Although the landscape studies presented in this paper may not be concretely applicable, I believe they can be used as a basis for further planning of the re-use of military facilities. An example will demonstrate the need for new assessment criteria: In an inventory of military monuments made by the VBS a few years ago, the facilities were treated over-cautiously in which (too?) many military facilities were labelled as historically valuable. In all probability, the funding for these facilities cannot be kept in the long run. For future assessments regarding the conservation of the military facilities, like the bunkers, the results of this work could be used by incorporating scenic qualities into the criteria of conservation. The assessment should of course also regard the economic, environmental, social or artistic aspects. It should further be discussed, whether the Military Landscape with its hidden bunkers, would tolerate a sudden visibility. It is likely that the unique character of the hidden Military Landscape would suffer from this transparency.

6.4 Potentials

The abstract analysis of different contexts in the Military Landscape revealed many previously unknown scenarios. The question raised in the opening chapter was answered in Chapter 5. The uniqueness of the Military Landscape in Switzerland was shown in the study of very specific configurations. The interaction of the scenic Heidiland and the hidden Military Landscape evokes an interesting contrast. It creates the impression that these contrasts depend on each other in order to function. It seems that the fortress of Sargans, one of the three cornerstones of the Redouit, wasn´t coincidentally situated in the „holiday region of the Heidiland".

Looking from the perspective of the bunker, the image of the landscape in itself can change. The bunker offer views from previously unknown settings. The landscape is given a second level of images. The locations of the facilities and their relationship to the landscape provide new views of Switzerland. Whether it is a look at narrow valleys or vast plains, the bunkers as unique vision machines offer unique views of the surroundings. The separate views of each bunker could be complemented into a series of images. We get a multi-perspective phenomenon, as seen at the fortress belt of Kreuzlingen, where sight lines overlap and create new places of view.

The Military Landscape of Switzerland with all its bunkers was constructed in a period of more than 70 years and will continue to influence the image of Switzerland for many years to come. Their massive expansion in rock and soil is designed for indestructibility and will likely remain for a long time. Let us hope that a satisfactory treatment for selected facilities will be found in order to preserve their characters as paradise and unique landscapes of peace.

7. Anhang

7.1 Glossar

Dispositiv

Ein Dispositiv stellt eine Sache dar, die aufgrund von Handlungen in der Vergangenheit, einmal einem Zweck zugeordnet werden konnte. Sie aber durch den Verlust des Diskurses (über die Sache) an Bedeutung verloren hat. In der Studie bezeichnet Dispositiv daher die aufgelassenen Kampf- und Führungsbauten, deren Zweck zwar noch bekannt, aber bedeutungslos geworden ist

Latenz

Laut Duden: Latenz, die; 1. Verstecktheit, Verborgenheit.

Promenadologie

Auch Spaziergangswissenschaft; P. ist eine Wissenschaft, die sich auf der Wahrnehmung der Umwelt durch promenieren [spazieren] begründet.

Biodiversität

Nach dem *Übereinkommen über die Biologische Vielfalt* bedeutet «biologische Vielfalt» die Variabilität unter lebenden Organismen jeglicher Herkunft, darunter unter anderem Land—, Meeres— und sonstige aquatische Ökosysteme und die ökologischen Komplexe, zu denen sie gehören; dies umfasst die Vielfalt innerhalb der Arten und zwischen den Arten und die Vielfalt der Ökosysteme;

Ikonologisch kodierte Landschaft

Ikonologie = die Lehre vom Sinngehalt [alter] Bildwerke, Kodierung = Verschlüsselung; Ikonologisch kodierte Landschaft bedeutet, dass Landschaft von einem Betrachter mit dem passenden visuellen Schlüssel dekodiert werden kann. Einfacher: Das derjenge, der entsprechendes Vorwissen hat, eine Landschaft anders interpretiert, als derjenge der jenes Wissen nicht hat.

Militärische Begriffe

Die Definition der militärischen Begriffe ist in veränderter Form aus BUNKERWELTEN (2009) übernommen.

Armasuisse

Als Beschaffungs- und Technologiezentrum des Eidgenössischen Departements für Verteidigung, Bevölkerungsschutz und Sport VBS ist armasuisse zuständig für die Entwicklung, Evaluation, Beschaffung und Entsorgung von Material und Bauten der Armee und weiterer Kunden.

Armee 95; A 95

Reform der Schweizer Armee mit der Einführung eines neuen Militärgesetzes vom 03. Februar 1995. Wichtigste Neuerung waren: die Festlegung der allgemeinen Rechtsstellung des Wehrpflichtigen, die Senkung des Wehrpflichtalters und des Sollbestandes der Armee, sowie die Änderung des Dienstleistungsrhythmus.

Kampf- und Führungsbauten

Kampfinfrastruktur: Gesamtheit der Anlagen der Festungsartillerie und der Sperrstellen, die unmittelbar dem Kampf dienen. Dazu gehören Panzerhindernisse, Sprengobjekte, Schutzbauten und Waffenstellungen.

Réduit (allgemein)

Verstärkter Verteidigungsbau, der zum Rückzug für die Besatzung diente, falls der vorgelagerte Verteidigungswall vom Feind überwunden wurde.

Sperrstelle

Teil der permanenten Kampfinfrastruktur. Sperrstellen können Sprengobjekte, Hindernisse, Infanteriebunker und Unterstände, Festungsminenwerfer oder Kombinationen davon sein.

7.2 Abbildungsverzeichnis

1	Eigene Bilder; Näfels, 19.04.2010	S.2
2	ebd.	S.3
3	Keller, S., Lovisa, M., & Geiger, P. (1995). Inventar der Kampf- und Führungsbauten, Militärische Denkmäler der Kantone	S.5
4	„Die Schnittmenge aus Mythos und Historie", Eigene Grafik (2010)	S.16
5	Eigene Bilder; Näfels, 19.04.2010	S.20
6	Fabrizio, L. (2004). Bunkers. Gollion: Infolino Editions. S.21	S.20
7	ebd., S. 37	S.20
8	Eigene Bilder; Kreuzlingen, 01.05.2010	S.22
9	ebd.	S.22
10	Eigene Bilder; Näfels, 19.04.2010	S.25
11	ebd.	S.26
12	ebd.	S.28
13	Eigene Bilder; Kreuzlingen, 01.05.2010	S.30
14	ebd.	S.30
15	ebd.	S.31
18	Eigene Bilder; Zugfahrt am 14.05.2010, Walenstadt - Zürich	S.32
16	ebd.	S.32
17	ebd.	S.32
19	Kimpel, H. (2006). Innere Sicherheit. Marburg: Jonas Verlag. S.26	S.34
20	Schwager, C. (2003). Panzerland. Winterthur: Printwork Lüthi. S.31	S.34
21	ebd., S. 41	S.36
22	ebd., S. 42	S.36
23	ebd., S. 42	S.37
24	Lechenet, F., Sartiaux, F., & Ansault, F. (2007). Vauban: Plein ciel sur. Langres: Réseau des sites majeurs Vauban. S. 51	S.42
25	Eigene Grafik (2010)	S.42
26	Lechenet, F., Sartiaux, F., & Ansault, F. (2007). Vauban: Plein ciel sur. Langres: Réseau des sites majeurs Vauban. S. 17	S.45
27	ebd., S. 32	S.46
28	ebd., S. 32	S.46
29	ebd., S. 38	S.46
31	Südtiroler Bürgernetz. Abgerufen am 13. 06 .2010, Rubrik: Franzensfeste.	S.48
30	ebd.	S.48
32	ebd.	S.48
33	ebd.	S.49
34	ebd.	S.50

35	ebd.	S.51
36	ebd.	S.52
37	ebd.	S.52
38	Kimpel, H. (2006). Innere Sicherheit. Marburg: Jonas Verlag. S. 29	S.54
39	Die Lage der Maginot-Linie, Eigene Grafik (2010)	S.55
40	Die Lage des Atlantikwalls, Eigene Grafik (2010)	S.57
41	Kimpel, H. (2006). Innere Sicherheit. Marburg: Jonas Verlag. S. 28	S.57
42	Virilio, P. (1992). Bunker archeology. Wien: Hanser.S.86	S.57
43	ebd., S.87	S.57
44	Mailand, P. (2002/2004). Atlantic Wall Linear Museum. Screenshot vom 23.05.2010	S.58
45	ebd.	S.58
46	Kimpel, H. (2006). Innere Sicherheit. Marburg: Jonas Verlag. Titelseite	S.59
47	Keller, S., Lovisa, M., & Geiger, P. (1995). Inventar der Kampf- und Führungsbauten, Militärische Denkmäler der Kantone	S.64
48	Schmid, L., Züger, R., & ZHAW. (2007/08). Bunkerwelten. Abgerufen am 02 2010 von Bunkerwelten: http://www.bunkerwelten.ch	S.64
49	ebd.	S.68
50	Festungsmuseum Reuenthal. (kein Datum). Abgerufen am 05 2010 von Festungsmuseum Reuenthal, Kopfzeile.	S.68
51	Swiss Fort Knox. (kein Datum). Abgerufen am 2010 06	S.68
52	Odermatt, J. (1997). Himmelsland. Scalo. S.13	S.72
53	ebd., S. 17	S.72
54	ebd, S. 18	S.73
55	La Claustra. (2009). Abgerufen am 04/05 2010 von http://www.claustra.ch	S.74
56	ebd.	S.74
61	ebd.	S.74
57	ebd.	S.74
58	ebd.	S.74
59	ebd.	S.74
60	ebd.	S.74
62	ebd.	S.75
67	Sasso San Gotthardo. (2009). Abgerufen am 05 2010 von http://www.sasso-sangotthardo.ch	S.76
63	ebd.	S.76
64	ebd.	S.76
65	ebd.	S.76
66	ebd.	S.76
68	ebd.	S.77

69	Schmid, L., Züger, R., & ZHAW. (2007/08). Bunkerwelten. Abgerufen am 02 2010 von Bunkerwelten: http://www.bunkerwelten.ch	S.78
70	Schmid, L., Züger, R.; Latente Landschaften; zhaw Winterthur; 2009	S.78
71	ebd.	S.78
72	Festung Schweiz. (kein Datum). Abgerufen am 05 2010 von http://www.festung-schweiz.ch/	S.78
73	Eigene Bilder; Kreuzlingen, 01.05.2010	S.79
74	Festungsmuseum Reuenthal. Abgerufen am 05 2010 von Festungsmuseum Reuenthal.	S.80
75	Eigene Bilder; Näfels, 19.04.2010	S.81
76	Christian Schwager, *Falsche Chalets* (2008). Umschlagseite hinten.	S.86
77	ebd., S. 27	S.86
78	Paradies Schweiz/Paradise Switzerland. Baden: Lars Müller Publishers. Ausstellungsplakat.	S.89
79	Gerhard Glück. In: Kimpel, H. (2006). Innere Sicherheit. Marburg: Jonas Verlag. S. 127	S.89
80	Festung Schweiz. (kein Datum). Abgerufen am 05 2010 von http://www.festung-schweiz.ch/	S.90
81	ebd.	S.90
82	ebd.	S.91
83	Schwager, C. (2003). Panzerland. Winterthur: Printwork Beat Lüthi. S. 63	S.95
84	ebd. S. 57	S.97
85	Caspar David Friedrich, *Der Abend* (um 1821)	S.98
86	Eigene Grafik, *Der Abend nach Caspar David Friedrich im Militärsimulator* (2010)	S.99
87	Caspar David Friedrich, *Das Große Gehege bei Dresden* (um 1832)	S.100
88	Eigene Grafik, *Das Große Gehege bei Dresden im Militärsimulator* (2010)	S.101
89	Keller, S., Lovisa, M., & Geiger, P. (1995). Inventar der Kampf- und Führungsbauten, Militärische Denkmäler der Kantone	S.102
90	ebd.	S.102
91	ebd.	S.102
92	ebd.	S.102
93	Nekes, W. (2002). Ich sehe was, was du nicht siehst - Sehmaschinen und Bilderwelten. Göttingen: Steidl. S. 56	S.103
94	Keller, S., Lovisa, M., & Geiger, P. (1995). Inventar der Kampf- und Führungsbauten, Militärische Denkmäler der Kantone	S.104
97	ebd.	S.105
95	ebd.	S.105
96	ebd.	S.105
98	ebd.	S.105

Anhang . Abbildungsverzeichnis

99	Eigene Grafik, Diagramm des zentralisierten Blicks (2010)	S.106
100	Schmidt, G. (2009). Visualisierungen des Ereignisses. Bielefeld: transcript Verlag. Umberto Boccioni, „Io-Noi-Boccioni" (1907), S. 125	S.106
101	ebd., Marcel Duchamp, „Marcel Duchamp autor d'une table" (1917), S. 125	S.106
102	Comment, B. (1999). Das Panorama. London: Reaktion Books Ltd. S. 73	S.109
103	ebd. S. 68	S.109
104	Schmidt, G. (2009). Visualisierungen des Ereignisses. Bielefeld: transcript Verlag. S. 128	S.109
105	Eigene Grafik, Diagramm zur Multiperspektivität des Festungsgürtels (2010)	S.110
106	Eigene Bilder; Kreuzlingen/Konstanz, 18.06.2010	S.113

7.3 Literaturverzeichnis

1. Artner, A., Frohnmeyer, U., Matzdorf, B., Rudolph, I., Rother, J., & Stark, G. (2006). Future Landscapes. Bonn: Bundesamt für Bauwesen und Raumordnung.
2. Assmann, A. (2003). Erinnerungsräume. München: Beck.
3. Berkemeier, C., Callsen, K., & Probst, I. (2004). Begegnung und Verhandlung. Münster: LIT Verlag.
4. Bunker: UNLOADED. (2003). Luzern: Edizioni Periferia.
5. Burckhardt, L. (2006). Warum ist Landschaft schön? Die Spaziergangswissenschaft. Berlin: Martin Schmitz Verlag.
6. Coch, T. (08 2006). Landschaftsbildbewertung, Ästhetik und Wahrnehmungspsychologie - eine konfliktträchtige Dreiecksbeziehung. Schweizerische Zeitschrift für Forstwesen , S. 310-317.
7. Comment, B. (1999). Das Panorama. London: Reaktion Books Ltd.
8. Duffy, C. (1975). Fire & Stone. Devon: David & Charles.
9. Erni, P., Huwiler, M., & Marchand, C. (2008). Transfer. Baden: Lars Müller Publishers.
10. Fabrizio, L. (2004). Bunkers. Gollion: Infolino Editions.
11. Festung Schweiz. (kein Datum). Abgerufen am 05 2010 von http://www.festung-schweiz.ch/
12. Festungsmuseum Reuenthal. (kein Datum). Abgerufen am 05 2010 von Festungsmuseum Reuenthal: http://www.festungsmuseum.ch/xml_2/internet/de/intro.cfm
13. Foxley, A. (2010). Distanz & Engagement. Baden: Lars Müller Publishers.
14. Frei, H. (1. 2 2000). Eingriffe von oben. bauen + wohnen , S. 50ff.
15. Fritz, M. M. (2004). Geschichte Tirol. Abgerufen am 2010. 03 21 von http://geschichte-tirol.com.
16. Gallimard, D. (1992). Le Triomphe De La Méthode. Evreux: Kapp Lahure Jombart.
17. Gavranic, C., & Richter, B. (2010). Paradies Schweiz/Paradise Switzerland. Baden: Lars Müller Publishers.
18. Halbwachs, M. (1967). Das kollektive Gedächtnis. Stuttgart: Enke.
19. Heller, A. (10 98). Tenue grün. NZZ Folio .
20. Hempel, A. G. (B1 2010). Kampflos übergeben. Baumeister .
21. Heymel, C. (2004). Wie sieht man das Land an! In C. Berkemeier, K. Callsen, & I. Probst, Begegnung und Verhandlung (S. 69-84). Münster: LIT Verlag.
22. Juchli, D. (04 2010). Dispositionsbestand der armasuisse. (C. Duckart, Interviewer)
23. Kaufmann, J., & Donnell, C. (2004). Modern European Military Fortifcations, 1870-1950, A Selective Annotated Bibliography. London: Praeger

Publishers.

24. Keller, J. (1917). Zweimal in Kriegsland hinein. St. Gallen: Buchdruckerei Zollihofer & Cie.
25. Keller, S., Lovisa, M., & Geiger, P. (1995). Inventar der Kampf- und Führungsbauten, Militärische Denkmäler der Kantone (17 Berichte). Bern: Eidg. Department für Verteidigung, Bevölkerungsschutz und Sport, armasuisse, Bereich Bauten.
26. Kimpel, H. (2006). Innere Sicherheit. Marburg: Jonas Verlag.
27. Kirchmann, K. (1998). Blicke aus dem Bunker. Stuttgart: Verlag Internationale Psychoanalyse.
28. König, H. P. (2010). Die Tränen der Erinnerung. NZZ - Neue Zürcher Zeitung, 57.
29. Kothe, M. (02 2008). Transformation des Gewöhnlichen. Archithese , S. 20-24.
30. La Claustra. (2009). Abgerufen am 04/05 2010 von http://www.claustra.ch
31. Langins, J. (2004). Conserving the Enlightment. Massachusetts: Massachusetts Institute of Technology.
32. Lechenet, F., Sartiaux, F., & Ansault, F. (2007). Vauban: Plein ciel sur. Langres: Réseau des sites majeurs Vauban.
33. Lewin, K. (1917). Kriegslandschaft. In J. Dünne, & S. Günzel, Raumtheorie, Grundlagentexte aus Philosophie und Kulturwissenschaften (S. 129 ff). Frankfurt/Main: Suhrkamp.
34. Lovisa, M. (05 1999). Von Bunkern, Forts und Tobleronen. archithese , S. 34-39.
35. Mailand, P. (2002/2004). Atlantic Wall Linear Museum. Abgerufen am 2010 von Atlantic Wall Linear Museum: http://www.atlanticwall.polimi.it/
36. Manifesta 7. (2008). Abgerufen am 05. 05 2010 von Manifesta 7: http://www.manifesta7.it/
37. Marszoleck, I., & Buggeln, M. (2008). Bunker. Frankfurt: Campus Verlag.
38. Mitchell, W. (2008). Das Leben der Bilder: Eine Theorie der visuellen Kultur. München: Verlag C.H. Beck.
39. Mitchell, W. (2002). Landscape and Power. Chicago: The University of Chicago Press.
40. Nekes, W. (2002). Ich sehe was, was du nicht siehst - Sehmaschinen und Bilderwelten. Göttingen: Steidl.
41. Odermatt, J. (1997). Himmelsland. Scalo.
42. Rapin, J.-J. (2004). L'Esprit de fortifications. Lausanne: Presses polytechniques et universitaires romandes.
43. Rohrer, J. (2008). Die Franzensfeste: für einen Feind der nie kam. Bozen: Autonome Provinz Bozen.
44. Rutishauser, S. (2001). Die „Schönheit des Schrecklichen" und die „Faszination des Geheimen". Militärische Denkmäler in den Kantonen Solothurn, Basel-Stadt und Basel-Landschaft , S. 8.
45. Sasso San Gotthardo. (2009). Abgerufen am 05 2010 von http://www.sassosangotthardo.ch

46. Schindler, E. (April 2010). Festungswerke Näfels. (C. Duckart, Interviewer)
47. Schindler, R., Stadelbauer, J., & Konold, W. (2007). Points of View, Landschaft verstehen - Geografie und Ästhetik, Energie und Technik. Freiburg: modo Verlag.
48. Schmid, L. (18. 03 2010). Bunkerwelten. (C. Duckart, Interviewer)
49. Schmid, L., Züger, R., & ZHAW. (2007/08). Bunkerwelten. Abgerufen am 02 2010 von Bunkerwelten: http://www.bunkerwelten.ch
50. Schmidt, G. (2009). Visualisierungen des Ereignisses. Bielefeld: transcript Verlag.
51. Schwager, C. (2008). Falsche Chalets. Zürich: Edition Patrick Frey.
52. Schwager, C. (2003). Panzerland. Winterthur: Printwork Beat Lüthi.
53. Sitte, W., & Wohlschlägl, H. (2006). Wahrnehmungsgeografie. Wien: Institut für Geographie und Raumbildung.
54. Stahlmann, & Grasser. (1983). Westwall, Maginot-Linie, Atlantikwall. Kempten: Druffel-Verlag.
55. Stamm, P. (1998). Abschied vom Reduit - Der lange Marsch. Das Magazin 44.
56. Südtiroler Bürgernetz. (kein Datum). Abgerufen am 13. 06 2010 von https://www.egov.bz.it/Service_Detail_de.aspx?ServID=1015464
57. Swiss Fort Knox. (kein Datum). Abgerufen am 2010 06 von http://www.swissfortknox.ch/
58. Urs, S. (02 2008). Das nationale Forschungsprogramm 48 „Landschaften und Lebensräume in den Alpen". archithese , S. 70-76.
59. Virilio, P. (1992). Bunker archeology. Wien: Hanser.
60. Virilio, P. (1988). Die Sehmaschine. Berlin: Merve Verlag.
61. Weixlbaumer, & Norbert. (2004). Wahrnehmungsgeographie. Wien: Institut für Geographie Wien.
62. Wöbse, H. (2003). Landschaftsästhetik. Stuttgart: Ulmer (Eugen).